財富的吸引力法則

MONEY, AND THE LAW OF ATTRACTION

Learning to Attract Wealth, Health and Happiness

Esther and Jerry Hicks

伊絲特・希克斯 & 傑瑞・希克斯——著　嚴麗娟——譯

當你將意念專注於反省與改善你所訴說的人生故事，
我們向你保證，
你的生命一定會變得愈來愈美好。
因為，在吸引力法則的效力下，一定會如此！

目錄

【第二部】

[第四部] 健康、體重與心智

〔第五部〕職業生涯：快樂的泉源 221

[第六部] 亞伯拉罕現場文字紀錄：吸引力法則工作坊 …… 261

前·言

你認爲是什麼吸引你翻開了這本書？爲何你覺得自己應該讀這些內容？哪些標題引起你的注意？**金錢**？**健康**？**喜悅**？或者**吸引力法則**？

不論是什麼原因讓你挑了這本書，本書的訊息之所以呈現在你眼前，是爲了回應你內心曾經浮現的**要求**（asking）。

書裡寫了些什麼呢？這本書要告訴讀者，生命應該很美好，幸福圓滿的感受是自然的狀態。不論你覺得當下的生活好不好，它永遠可以變得更好，而改善人生體驗的選擇和力量就在你手中。書中提供實用的思想工具，只要持續實踐，你將體驗到更多與生俱來的財富、健康和喜樂。（我懂，因爲我不斷經歷這樣的過程。每次感受到對比，就讓我更明白內心的渴望，並見證到整體生活變得愈來愈美好。）

生命眞美好！寫作這篇文章的時候，正好是二〇〇八年元旦，我就坐在美國加州德爾馬爾（Del Mar）新家的餐桌前，這是我們新的「避風港」。

我跟伊絲特在一九八〇年結婚後即下定決心，只要行有餘力，就要常常到這個宛若伊甸園般的地區參觀拜訪。經過多年，現在我們總算從外來客變成眞正的居民，對此我們心懷感激。

要感激什麼呢？感激朋友領著我們找到這個房子。（我們告訴他，我們希望在德爾馬爾這一帶找到一棟房子，還要有地方可以供我們停放那輛將近十四公尺長的巡迴巴士。）也要感謝景觀設計師、工程師、室內設計師、木工師傅、電氣技師、水電師傅、鋪設屋頂和裝置排水管的專家。另外要感謝才華洋溢、技術純熟的工匠們：貼磁磚的、塗水泥的、作畫的，以及製作圍籬、大門和鍛鐵的藝術家。還有鋪地板和打造拉門、木質拱門窗和彩繪玻璃的人。更要感謝高科技專家們為我們安裝了調光系統、電腦網路系統、靜音中央空調系統，以及頂級的廚房與洗衣設備。有人幫我們運來了新家具，因為我們的三心二意，又協助移動了幾次位置。辛苦的工人們挖溝、搬運、倒水泥、打磨石材、種下大樹……所有這些過程牽涉到數千種商品，有數千人參與這些產品的發明、創造及配送，並因此獲利。

總之，感激不完。

以上只是跟居家有關的部分，要感激者遠甚於此。比方說，我們發現了只要幾分鐘路程就能到達的餐廳，餐點、老闆和員工都很不錯。左鄰右舍各有風格，熱情好客，令人如沐春風，並以我們從未體驗過的方式歡迎新來乍到的我們。

還沒說完呢！屋子南側的風景美得讓人驚嘆，就正對著原始的多利松國家保護區，過了卡梅爾溪谷、水鳥自然保護區和潟湖，就能看到波濤洶湧的太平洋，浪花不斷拍打上多利松海灘。是啊！生命眞美好！

（伊絲特跟我剛到海灘散了一下步，現在我們正要享受悠閒的夜晚，爲本書加上最後的潤飾。）

時間回到四十多年前，當時我正在全美各地的大學巡迴演奏，某天來到了蒙大拿州的一個小鎮，我**無意間**在旅館的咖啡桌上看到一本書。作者是拿破崙・希爾（Napoleon Hill），書名叫做《思考致富》（*Think and Grow Rich*），這本書讓我對金錢的信念起了很大的改變。我利用書中的原則成功地累積了財富，連我自己都沒想到會有如此的功效。

變成有錢人一向不是我熱中的目標。但在發現《思考致富》這本書不久之前，我才做了一個決定：我要改變自己賺錢的方法，增加我的收入。因此，我會發現希爾的書，正表示我所**要求**的有了回應。

在蒙大拿的旅館看過《思考致富》後，我在明尼蘇達州的旅館遇到一個人，他給了我做生意的機會。接下來的九年間，我過得充實愉快，全心全意發展事業。在那九年的時光中，我的小事業搖身一變成為價值數百萬美元的國際企業。在不算長的九年期間，我的財務狀況從過得去（我本來覺得過得去就好）到大大好轉，我所訂下的財務目標全都實現了。

《思考致富》對我產生無比妙用，於是我把它視為「教科書」，跟事業上的夥伴分享書中的成功原則。回顧當時，雖然書中的教導對我來說非常有用，我也極希望合夥同伴都能跟我一樣成功，但我發現只有少數幾個人能達到同樣的成果。因此，我開始尋找另一個層次的解答，一個或許對更多人來說是更有效的方式。

從我個人的體驗中，我深信成功是可以學習的。你不需要含著金湯匙出生，不需要在學校裡拚得好成績，也不需要認識某些人或住在某些國家，體型、膚色、性別、宗教等等因素更沒有關係……你只要學會幾個簡單的原則，努力不懈地實踐。

然而，閱讀同樣的文字，並非每個人都會接收到相同的訊息；讀過同一本書，也不一定會產生同樣的效用。當我開始**要求**更深入的領會後，李察・巴哈（Richard Bach）啓迪人心的《夢幻飛行》（*Illusions*）來到我眼前。讀了《夢幻飛行》後，頗有醍醐灌頂的感受，我也學到了一些概念，開展我的心眼，接受即將體驗的一切。《夢幻飛行》提到的原則跟《思考致富》沒有兩樣，我也將它們不斷應用在我的生意上頭。

下一本**無意間**發現的書，對我來說簡直是無價之寶。當時我正在鳳凰城的圖書館消磨時間，沒有特別想要找什麼書，卻突然瞥見放在高架上的一本書，名叫《靈魂永生：賽斯書》（*Seth Speaks*），作者是珍・羅伯茲（Jane Roberts）和羅伯特・柏茲（Robert F. Butts）。賽斯代表「無形的存在」，透過羅伯茲「口授」了一系列的書籍，這些書我全部拜讀過。大多數人覺得那種溝通方式很奇怪（伊絲特剛開始就非常不能接受），不過我總是傾向由結果來判斷一樣東西的效用。所以「奇怪」並無法限制我，我專注於賽斯書中正向且實用的地方，用以幫助其他人享受更好的生活。

賽斯的生活觀和我之前聽到的都不一樣，我對賽斯的兩個說法特別感興趣：「你的實相由你創造」以及「當下就是最有力量的時刻」。雖然我盡可能地吸收閱讀，但我從不覺得自己眞的了解這兩項原則，可是不知道爲什麼，我明白我要的答案就在其中。可惜的是，作者羅伯茲已經辭世，無法繼續闡明賽斯的教導。

經過一連串的偶發事件（就像我發現賽斯書的過程一樣），我的妻子伊絲特開始接收到亞伯拉罕的訊息。你可以到我們的網站 www.abraham-hicks.com 免費下載關於亞伯拉罕簡介的錄音，或者向我們的辦公室索取免費ＣＤ。

一九八五年，當伊絲特開始聽到亞伯拉罕的訊息時，我有預感這將爲我帶來解答，讓我更進一步了解**宇宙法則**，以及我們如何自然且用心地與這個法則協調一致，以便實現來到這個有形世界的目的。因此，大約在二十年前，我跟伊絲特坐下來，拿著卡式錄音機，針對二十個不同主題，不斷向亞伯拉罕提問，這些問題主要跟實際的心靈層面生活有關。接著，愈來愈多人聽說亞伯拉罕後，想要與我們交流，於是我們製作了二十捲錄音帶，根據主題分成兩套。

過去二十年來，我們出版書籍、錄音帶、CD、錄影帶、DVD，我們也舉辦研討會，上廣播和電視節目，讓數百萬人聽到了亞伯拉罕的訊息。此外，其他的暢銷書作者也開始在他們的書裡提到亞伯拉罕的訊息，並透過廣播、電視、研討會來推廣。然後，大約在兩年前，有位澳洲的電視節目製作人前來找我們，想要以我們的亞伯拉罕作品製作一系列的節目。她帶著工作人員來參加我們的阿拉斯加吸引力法則郵輪之旅，拍攝了節目錄影帶，接著又去採訪其他學員，把他們的體驗融入這個實驗性的影片中……接下來的細節大家應該都知道了。

製作人把影片取名爲《祕密》（*The Secret*），以亞伯拉罕的基本教條吸引力法則爲號召。雖然影片並未在澳洲電視台播出，卻以紀錄片的形式出版了DVD，也改編成一本書……現在，因爲《祕密》，吸引力法則的概念得以傳播給更多冀望能改善生活的人。

《財富的吸引力法則》源自我們二十多年前錄下的五個主題。這是第一次我們把錄音內容出版成書。然而，書的內容並非按著錄音逐字謄寫，因爲亞伯拉罕逐頁瀏覽過原始抄本，已將內容修改得讓讀者更容易了解與實踐。

有句大家耳熟能詳的寫作原則：「摘要介紹，詳細說明，總結內容。」因此，在你埋首這些訊息時，可能會注意到同樣的話一再出現，因爲重複說明才能得到最好的傳遞效果。囿於舊有的思考習慣，嶄新的成果就不會到來。透過簡單且實際地不斷練習，隨著時間經過，你會培養出新的習慣，享受更好的生活。

媒體朋友們有個說法：「觀眾要的是娛樂，不是教育。」嗯，除非你覺得學習新的生活方式很有趣，不然你應該會認爲這本書比較具有教育性和知識性，而非娛樂性。不同於那些讀起來很有趣、但讀完後就被你扔到一旁的小說，本書比較像是一本教你如何獲得並常保財富、健康及喜樂的教科書。你得好好讀，學習書中的教導，付諸實踐。

我希望能幫助他人過得更快樂滿足，尤其是在金錢方面，所以我才會接觸到相關的資訊。我眞的很高興，這本書將要到達那些提出問題者的手中，你們將會得到想要的答案。

我們預計要寫四本有關吸引力法則的書，《財富的吸引力法則》是這個系列的第二本。二十年前，我們出版了《這才是吸引力法則》（*The Law of Attraction: The Basics of the Teachings of Abraham®*）。第三本是談人際關係的《吸引力漩渦》（*The Vortex*）。最後一本則是《靈性與吸引力法則》（*Spirituality, and the Law of Attraction*，編按：未出版）。

在準備出版這本書時，重新回顧改變我們人生的錄音內容，伊絲特跟我都非常高興，能夠再次回想起剛開始和亞伯拉罕互動時，所討論到的這些簡單的基本原則。

從一開始，伊絲特跟我就決心要實踐亞伯拉罕的教誨，一路上我們體驗到的成長充滿了喜悅。實踐這些原則二十年後，伊絲特跟我仍深愛彼此。（儘管加州的新房子剛裝潢好，德州的辦公室也正在整建，但我們真的很享受彼此的陪伴，所以接下來的一年裡，我們會一起搭乘那輛近十四公尺長的巡迴巴士，到美國各地舉辦研討會。）二十年來，我們沒做過身體健康檢查，也沒買過保險。我們沒有任何債務，今年要繳的所得稅額超過接觸亞伯拉罕前那些年的收入總和。不過金錢或健康都無法使我們真的快樂，伊絲特和我仍然在尋找快樂的方法。

而從個人的體驗，我們要滿心喜悅地告訴大家：書中的訊息真的有效！

獻上衷心的祝福，傑瑞

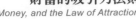

[第一部]

轉換思考
與正向思維

Pivoting and the Book of Positive Aspects

你的故事，以及吸引力法則

不論你想什麼，或訴說什麼樣的人生故事，都會得到吸引力法則的回應，帶來種種構成你生命體驗的元素。金錢和財富；健康狀況、頭腦清晰度、適應彈性、身材和體型；工作環境、待遇、職涯滿意度和投資報酬。總的來說，這些生命中的各式體驗之所以會發生，都來自你所訴說的故事。如果你將意念專注於反省與改善你所訴說的故事，我們向你保證，你的生命一定會變得愈來愈美好。因爲，在吸引力法則的效力下，一定會如此！

有時候人生看來很不公平對嗎？

你想要更成功，也盡了全力，別人告訴你該怎麼做，你都照著做了，可是你所追尋的成功卻遲遲未到。你非常努力，尤其在一開始的時候，你學習對的事、待在對的地方、做對的事、說對的話……但往往看不到什麼成果。

在生命更早的階段，當想要成功的想法初次出現在你腦海裡時，你發現若能滿足那些定下成功規則的人的期待，你自己也會因此感到滿足。你身旁的長輩、父母和良師益友們似乎都對他們定下的成功規則充滿信心且深信不疑：「一定要準時，一定要全力以赴，一定要努力，一定要誠實，爲了偉大目標而奮鬥，好還要更好，不勞則無獲，最重要的是，絕對不要放棄……」

然而，隨著時間經過，儘管那些定下成功規則的人認同你的努力，你得到的滿足感卻逐漸消退，因爲不論你再怎麼努力，那些規則並無法帶來它們所承諾的成功。更令人氣餒的是，當你往後退一步，想要把整個過程看得更清楚，你發現那些定下成功規則的人大多也無法享有眞正的成功。更慘的是，你遇到一些完全**不遵守**規則的人，你努力學習應用的道理在他們身上根本不適用，但他們卻比你更成功。

你忍不住要問：「到底怎麼一回事？爲什麼努力的人獲得那麼少，不努力的人反而得到那麼多？我花了那麼多錢讀書，卻看不到回報，高中輟學的人反倒成了百萬富翁。我爸一輩子辛苦工作，但他過世後我們家人還得借錢才能替他辦後事……爲什麼我盡心盡力卻落得如此下場？爲什麼只有少數人眞的享有財富，而大多數人都要爲生活苦苦掙扎？我做錯了什麼？有錢的人知道什麼是我不知道的？」

全力以赴還不夠？

當你想得到的你都做了，連別人告訴你該怎麼做才會成功，你也都努力做到了，可是成功並沒有如預期般來臨，這時你一定會覺得自己沒有錯，可能還會把氣出在那些獲得你所渴望的成功的人身上。有時候你甚至會譴責他人的成功，只因爲看著別人享受對你來說遙不可及的成功，是一件痛苦的事情。正因如此，我們把這本書呈現在你眼前，回應你長久以來無法擺脫的財務困境。

你渴望財富，卻又公開譴責那些享有財富的人，眞要如此，你永遠無法變得富有，上天賦予你的健康喜樂也會離你而去。

事實上，很多人會做出錯誤的結論，認爲是有形環境中的其他人共謀要阻礙他們邁向成功。他們相信，全心全意相信，自己已經全力以赴，如果還是看不到成果，一定是因爲其他不好的力量在作祟，導致他們得不到自己想要的東西。但我們要向大家保證，你想要卻得不到的東西，或者你不想要卻出現在你生命中的事物，絕對不是別人造成的。沒有人阻礙你，也沒有人能夠阻礙你，更沒有人能雙手捧著成功獻給你。成功與否，操之在己。一切都掌握在你手中。我們寫這本書就是要告訴你，成功可以透過你的意念與意識去掌控與達成。

心想事成，有求必應

此時此刻，你要回歸存在的本質，以自身的生命體驗來決定你想要追求的事物，確確實實體驗那種感覺。好好地放輕鬆，深吸一口氣，繼續讀下去，你一定會慢慢回想起成功是如何到來的，因爲你一生下來就明白箇中道理，而當你讀到本書所提到的絕對眞理，一定深有同感。

永恆的**宇宙法則**穩定可靠，始終如一，所承諾的擴展和喜樂絕對不會失效。宇宙的法則以充滿力量的節奏，帶你了解書中的內容，一開始會在你心中發出小小的芽，然後隨著你翻過的書頁不斷擴展，直到你再度覺醒，知道自己的目的和力量，憶起如何找回創造世界的宇宙力量。

若眼前的這個時空實相能激發你內心的願望，那麼它一定有能力把同樣的願望圓滿地彰顯（manifestation）在你眼前，讓你覺得滿足。這就是法則。

成功乃是與生俱來的權利

倘若生活無法如你所願，大多數人自然會假設一定是有外力阻撓，讓自己的生活無法變得更好，因爲沒有人會故意拒成功於門外。把過錯都怪到別人頭上，認定眼前這些不想要的情況並非自己的責任，或許會讓你覺得好過些。但是，相信外力是造成自己無法成功的原因，會帶來極度負面的影響：當你把成功的榮耀或失敗的過錯加諸其他人身上，你就無力做出任何改變。

你想要成功，但從你的眼光看來，你一點也不成功，在你的內心深處，你知道出了問題。內在這個強烈的不和諧感受，讓你更加意識到你得不到自己想要的東西，由此常會引發不好的假設，導致你去嫉妒其他比較成功的人，責怪許多人阻擋你的前途，並對他們心生怨恨。甚至你會因此貶低自己，而這是最讓人難過、也會帶來最負面想法的一件事。我們以爲，這種令人不快的騷動是正常的，是你自覺無法成功才會引發的反應。

情緒上的不安是個重要指標，告訴你一定有什麼地方出了差錯。你應該要成功，失敗會讓你覺得不快樂。你應該要過得很健康，病痛是令人難以接受的狀況。你應該要擴展，停滯不前是無法容忍的事。生活應該要很順利，不順利的話，就是出了問題。

但出了問題，並不代表不公平，或是幸運之神不肯眷顧你，或者其他人搶走了原本該屬於你的成功。問題其實是你無法跟自己和諧共存，無法與「本來的面目」（who-you-really-are）調和，無法與生命所激發的願望達成一致，也無法與擴展後的自己相容，更無法與始終不變的宇宙法則相契。出了問題的地方，並不是你無法控制的外在事物。問題其實從你而來，你的確有能力掌控。本來的面目、吸引力法則，以及與生俱來的情緒引導系統（Emotional Guidance System）一直在你眼前，也非常容易了解，只要你能夠明白，就能掌握全局。

金錢並非罪惡的根基，也不是喜樂的源頭

金錢和財富並非如許多人說的是「萬惡之源」，但它們也不是通往快樂的道路。然而，由於金錢和人類生活息息相關，你時時刻刻都會接觸到金錢，所以它在你的振動構成和個人吸引力中扮演了重要角色。若你能成功控制影響你每日生活的事物，是一件相當有意義的事。換句話說，既然你的思維時常繞著金錢或財富打轉，只要你能夠用心引導自己的思維，不只你的財務狀況會有所改善，這樣的進展也會幫助你改善生活體驗的每一個層面。

如果你上過**用心創造**的課程，如果你想要有意識地創造出自己的實相，如果你想控制自己的生命體驗，如果你希望實現存在的目的，那麼當你了解**財富**和**吸引力法則**這兩項重要課題後，就能事半功倍。

所有的體驗都由我吸引而來

你注定要擴展、要快樂、要有美好的體驗。當你決定在這個時空實相中，投注於這個有形的身體，這就是你的計畫。你期待有形的生活體驗充滿刺激，給你豐富的報酬。也就是說，你知道多樣化和對比會刺激你的願望不斷擴展，你也知道這些願望很容易就能圓滿達成。你知道，新的願望會繼續擴展。

進入有形的身體時，你非常興奮，因爲這趟體驗會激發出無限的可能，恐懼或懷疑都無法消滅你一開始就擁有的願望，因爲你知道自己有力量，也知道所有的體驗和所有的對比都會變成肥沃的土壤，孕育出精采的擴展。最重要的是，你知道你帶著一套引導系統進入這趟生命體驗，它會幫助你忠於原本的目的，也忠於因各式體驗而不斷修改淬鍊的意念。簡單地說，你渴望來到這個時空實相，幾乎不受有形的形式所影響。

雖然你才剛進入一個還十分弱小的身體，但你不是新手了，你是充滿力量的創造者，專注於宇宙前緣的新環境。你知道你得花上一段時間來適應，重新找到舞台，開始用心創造的過程，但你一點也不擔心這段適應期。事實上，你很享受自己誕生的安樂窩，也很喜歡在這個新環境中迎接你的人。雖然你還無法使用他們的語言，雖然迎接你來到這世上的人認爲你一無所知，需要他們的指導，但你擁有他們早已遺忘的恆心和智慧。

你生來就知道你是個充滿力量的存在，你知道你很棒，你要創造自己的體驗，而且你也知道在這個新環境中，吸引力法則是一切創造的基礎。你記得吸引力法則（同頻共振，同質相吸）是宇宙的基礎，你也知道吸引力法則對你很有幫助。它確實如此。

你還記得你就是自身體驗的創造者。但更重要的是，你記得你是藉由**思維**去創造，而不是透過**行動**。當你還是一個無法行動或說話的小嬰兒時，你並沒有因此感到不自在，因爲你記得宇宙的幸福圓滿，你記得來到這個有形身體的目的，你知道你要花很多時間來適應語言和新環境，尤其你也知道，雖然你無法把自己對無形環境的豐富知識直接轉化成有形的話語，但是沒關係，因爲能夠讓你走上快樂創造一途的必要條件早已就緒：吸引力法則始終如一，你的**引導系統**立刻發揮作用。最要緊的是，你知道透過嘗試，或是某些人所說的「錯誤」，最後一定能夠完滿地適應新環境。

吸引力法則始終如一

當你來到這個有形的新環境中，知道吸引力法則在宇宙中永恆不變這件事，對你的信心來說非常重要，因爲你明白生命的體驗會幫助你記得並重拾立足點。你記得**振動**是一切的根源，吸引力法則會回應這些振動，組織它們，把相似的振動聚合在一起，把不一樣的振動分開。

因此，你不擔心是否能夠立刻用言語表達你知道的事情，也不用向周圍那些似乎什麼都忘了的人解釋，因爲你知道強大的吸引力法則始終如一，很快就會透過你的體驗展現出來。你知道要弄清楚自己發出什麼樣的振動並不困難，因爲不論你如何振動，吸引力法則都會不斷把證據帶到你眼前。

換句話說，當你覺得不知所措時，能幫助你脫離這種感覺的人和事物都找不到你，你也找不到他們。再怎麼努力也找不到。而被吸引來到你身邊的人不僅無法幫你，反而讓你更不知所措。

當你覺得受到不公平的對待時，公平就找不到你。你所感受到的不公平待遇，以及因著你的感受而發出的振動，都會妨礙你認爲公平的事物來到你眼前。

當你沒有得到你認爲自己需要的財富時，失望和恐懼感襲捲而來，財富或帶來財富的機會也會繼續遠離你……並不是因爲你不好或沒有資格，而是因爲吸引力法則會把類似的東西配在一起，不一樣的就無法相配。

你覺得很窮困，就只能碰到跟窮困有關的事物。你覺得很富足，讓人感覺富足的事物就會來到你眼前。吸引力法則沒有例外，如果你專注意念，就能透過生活體驗，學習到法則的運作。當你明白自己的思維，也注意到你吸引而來的東西，你就掌握了用心創造的關鍵。

振動代表什麼意思？

說到**振動**，我們指的是你對於自身體驗的關注，因爲所有的事物實際上都以振動爲基礎。我們或許可以用**能量**這個詞來替換，在你的詞彙裡應該還有很多其他的同義詞，也能表達同樣的意義。

大多數人都知道聲音會振動。樂器的渾厚低音轟然作響時，你甚至能**感覺**到聲音的振動。

我們要你明白，不論何時，每當你「聽見」聲音，你就是把振動轉譯成你聽到的聲音。你聽見的是你對振動的詮釋；你感受到的是你對振動的**獨特**詮釋。你有視覺、聽覺、味覺、嗅覺和觸覺，由於宇宙中所有的事物都在振動，你用五官察覺振動，感受振動的存在。

於是你明白了，你住在一個振動的宇宙，裡頭充滿各種和聲，而在你存在的核心，你也不斷地振動，達到完美的振動平衡。

空氣、土壤、水和人體所有組成元素，一切事物都在不斷地振動，而且所有事物都由強大的吸引力法則掌管。

即使你想要分辨這些振動，但是你做不到。你也不需要這麼做，因爲吸引力法則會加以分辨，不斷把相似的振動匯聚在一起，不同振幅的事物則離得愈來愈遠。

除了視覺、聽覺、味覺、嗅覺和觸覺，情緒是第六種用來轉譯振動的感官，事實上它也是最強大、最重要的方式。情緒會透過與核心振動的和諧狀態做對比，持續告訴你目前的思維（振動）是否和諧。

無形的世界就是振動。

你眼前的有形世界也是振動。

除了振動之外，別無其他。

所有的事物都由吸引力法則掌控。

了解振動，可以幫助你有意識地連結有形和無形的世界。

你不需要明白複雜的視神經或主要視覺皮質如何運作，也能看見東西。你不用懂得電學，也能夠打開電源。要感覺和諧或不和諧之間的差別，也不需要先了解振動。

學習接納自己的振動，有意識地利用情緒的振動指標，你就能掌控個人的創造和生活體驗的成果。

只要我覺得富足，富足就會上門來

把自己的感受和實際的生活體驗有意識地連結起來，你就能夠改變一切。如果你無法建立連結，繼續想著你缺乏的東西，你想要的就永遠不會來到你跟前。

由於誤解，人們常把力量賦予外在的事物，以解釋爲什麼自己無法得償所願，享有想要的財富：「我沒辦法成功，因爲我生長在不好的環境裡。我沒辦法成功，因爲我的父母不成功，他們無法教我成功的方法。我沒辦法成功，因爲那些人成功了，把所有原本應該屬於我的資源搶走了。我沒辦法成功，因爲別人騙我，因爲我不值得，因爲我上輩子做錯了事，因爲政府藐視我的權利，因爲我丈夫不負責任……因爲……因爲……因爲……」

我們要提醒你，你「沒辦法成功」是因爲你發出的振動跟成功的振動頻率不相符。當你覺得很貧困（發出貧困的振動頻率），你就無法變得很有錢。除非你發出富足的振動頻率，否則富足沒有辦法找到你。

很多人會問：「但如果我沒辦法成功，那麼我要怎樣才能發出成功的振動頻率？不是應該先享受成功，才能發出成功的振動頻率嗎？」我們同意，如果你已經體驗過成功，要維持成功的狀態當然很簡單，因爲你只要注意到好事即將發生，你的關注就會讓好事不斷發生。但如果你得不到自己想要的東西，在你得到之前，一定要找到能感受到這樣東西振幅的方法，否則你就永遠得不到。

如果你的振動只是回應現狀，那麼你就不可能改變現狀。你必須找到方法，去**感受**尚未實現的夢想會帶給你怎樣的興奮或滿足，然後等待夢想成眞。用心想像某個你期待的情景，發出類似的振動頻率，等待吸引力法則找到相符的振動，在眞實生活中將之彰顯出來。要先看到夢想實現，然後才產生振動，不啻緣木求魚。當你願意在夢想實現前，先發出那樣的振動，就沒有什麼是不可能實現的。這就是法則。

與其隨波逐流，不如用心生活

我們把這本書獻給你，是要提醒你，其實很多東西你已經知道了，我們只是想重新喚醒你對於振動的記憶。本書的文字代表你從更寬廣的視野所看到的知識，你在讀這本書的時候，一定會喚起內心深處原有的記憶。

該是覺醒的時候了，想起你擁有的力量和存在的理由。深呼吸，找個舒服的地方坐下來，慢慢閱讀本書內容，讓自己回歸原本的振動……

你在這裡，一個美好的存在狀態，你再也不是受制於人的小嬰兒，你已經適應了有形的環境，現在，讀了這本書，重新找回自身存在的強大力量……你再也不像狂風駭浪上無助的浮木，不斷受到吸引力法則的衝擊。你總算拾起記憶，重掌自己的命運，能夠在強大的吸引力法則中，用心引導自己的生活，而不是抱著隨波逐流的態度。

爲了找回主控權，你必須訴說一個不一樣的故事。你必須按著你的心願，訴說你想要的生活，放棄過去和現狀。

訴說你想要體驗的故事

想要用心生活，你必須用心思考；想要用心思考，你必須找到一個基準點，判斷自己的思維是否走上正確的方向。就在當下，在你剛出生的時刻，兩個必要的元素都已就緒。**吸引力法則**（宇宙間最強大、始終如一的法則）無所不在。你也擁有**情緒引導系統**，隨時準備爲你效力，指引你前進的方向。你只要做一件事，一件看似微小，卻可能改變你一生的事：你必須用新的方法訴說生命的故事。你必須以你想要它呈現的方式去訴說你自己的故事。

訴說生命的故事時（你幾乎每天都在說這個故事，用你的言語、思維和行動訴說），你應該要覺得很開心。不論什麼時候，不論面對什麼主題，你都會有正面或負面的思維，因爲在宇宙的每個組成中，都有你想要的和你想要卻得不到的，它們發出振動供你做出選擇。這些選擇不斷出現在你眼前，你可以選擇把注意力放在你想要的東西上，或是放在你想要卻得不到的東西上。所有事物都脫不了這兩種狀況：你想要的東西，以及你想要卻得不到的東西。你可以按著自己的感受，知道你正把注意力放在哪裡，你也可以不斷改變自己的選擇。

凡事都有正反兩面

以下是一些例子，讓你更明白所有事物都有正反兩面：

· 富足／貧困（缺乏富足）
· 健康／疾病（缺乏健康）
· 快樂／難過（缺乏快樂）
· 清楚／混淆（缺乏清楚）
· 充滿能量／疲憊（缺乏能量）
· 知識／疑惑（缺乏知識）
· 有趣／無聊（缺乏興趣）
· 我做得到／我做不到
· 我要買那個／我買不起那個
· 我要覺得快樂／我覺得不快樂
· 我要更多錢／我的錢不夠
· 我要更多錢／我不知道怎麼賺更多錢

· 我要更多錢／那個人賺的錢多過他應得的
· 我要變苗條／我太胖了
· 我要一部新車／我的車子好舊
· 我想要伴侶／我沒有伴侶

看了這份清單，你一定看得出來哪一個選擇比較好，可是你或許忘記一件很簡單但很重要的事情：當你看到像這樣的清單，你會覺得你應該要陳述的是事實（實話實說），而不是說出你想要的狀況。光是這個想法就會讓你創造出更多不好的事物，更無法得到想要的東西。因此，本書裡的例子和練習，目的就是要幫助你轉向自己想要的東西，而不是去解釋當下的情況。如果你希望吸引力法則帶給你不同的事物，你就得開始訴說不同的故事。

我正在訴說什麼樣的故事？

要訴說新的故事，有一個很有效的方法，就是聽聽自己一整天都說些什麼。當你抓到自己口是心非時，停下來，說：「好，我知道我**不想**要什麼。那我**想**要什麼？」然後用心思考你的願望，明確說出來。

我討厭這輛難看又不可靠的老爺車。

我想要一台漂亮穩定的新車。

我很胖。

我想要變苗條。

我的老闆不欣賞我。

我希望老闆欣賞我。

很多人會反對，認爲這麼做只不過是換句話說，並不會讓閃亮的新車出現在家門前，肥胖的身體也不會變苗條，老闆更不會突然性情大變，用不同的態度對待你。但這麼想你就錯了。當你專注意念，想著你的願望，說出你想要什麼，遲早你會體驗到你對某項事物的感受眞的改變了，這表示你的振動產生了變化。

當振動改變時，你所產生的吸引力也改變了，根據強大的吸引力法則，你所展現出來的證據或指標一定也會跟著改變。當你不斷提及你想要在生命中體驗的事物，宇宙就會把這些事物的振幅帶到你面前。

轉換思考，重新定位人生

轉換思考的過程是指有意識地察覺到所有東西其實都具有兩個面向，接著用心把你**想要**的那一面說出來，將思維集中其上。轉換思考能夠幫助你由內啓動所有你想要的東西，一旦做到了，不論你許下什麼願望，相關事物的振幅一定會進入你的體驗。

這裡我們必須先說明一件事：當你說出你想要的東西，但又對自己的話語感到懷疑，那麼你說的話就無法帶來你想要的東西，因爲你的**感覺**才是思維振動的眞正指引。吸引力法則不會回應你說的話，只會回應你發出的振動。

既然你無法同時說出你**要**什麼和你**不要**什麼，愈常提及你**要**什麼，就會愈少談論到你**不要**什麼。如果你專注於描述你想要什麼，而不是只談現在的狀況，隨著時間經過（通常不用很久），你就會改變振動的平衡狀態。如果你常常提起你要的東西，你就會體驗到愈來愈眞實的感受。

轉換思考的過程還具有一個更重要的力量：當生活推著你朝反方向走，想要的東西離你愈來愈遠，想想：「我知道哪些東西是我不想要的，但我想要什麼？」答案必須從你內心召喚出來，而當答案出現時，你的振動也會改變。轉換思考的威力強大，會立刻讓你的生活變得更好。

我創造我的生命體驗

你的生命體驗由你創造，作爲自身體驗的創造者，你一定要明白創造並非憑藉你的行動，也不是你的所作所爲，更不是你說的話。你的創造，完全以你發出的思維爲根基。

當你說話或做事時，一定會發出思維的振動。然而，當你發出思維的振動時，卻不一定要開口或行動。在模仿周圍的成人開口說話前，孩童早就先學會了模仿成人的振動。

每個思維都有專屬的振動頻率。你發出的思維，不論是來自記憶，還是受別人的影響，或者結合了一直縈繞在你心頭的想法和他人的念頭，所有出現在你腦海中的思維，都以特定的頻率在振動……根據強大的吸引力法則（同頻共振，同質相吸），你的思維會吸引振動頻率相符的思維。現在，這些集合在一起的思維具有比之前更強的頻率振動；根據吸引力法則，它們又會吸引另一個思維，一個接著一個，最後，這些結合在一起的思維就有足夠的力量，吸引「眞實生活」的情況，或具體彰顯出來。

所有的人、環境、事件和情況都因著你腦海中思維的力量，被吸引到你眼前。一旦你了解自己到底在想什麼，透過振動讓思維成眞，你就會許下新的願望，並且更用心地導引自己的思維。

思維相契讓人更快樂

很多人認爲自己的存在超乎有形實相，他們不只是由血肉骨骼組成的身體。他們費盡心思想要描述身體以外的自我，於是發明了**靈魂**、**本源**或**神**等等說法。我們把這個更大、更成熟、更有智慧的你稱爲你的**內在存在**，而你選擇用來稱呼它的說法並不重要。最重要的是，你了解這個無形的你確實存在，且對你在地球上的生活體驗扮演非常重要的角色。

所有的思維、言語和行動都存在於一個更廣闊的背景之下。事實上，由於無形的你會專注於你想要的東西，因此每當你明白自己不想要什麼，就會更強烈知道自己想要什麼。

努力引導自己的思維，一天又一天，朝著你**想要**的方向前進，你就會覺得愈來愈快樂，愈來愈歡喜，因爲你的感受所發出來的振動，跟無形的你愈來愈契合。你想要讓人感覺良好的思維，如此一來你和內在存在更寬廣的視野會合而爲一。事實上，除非你當下的思維能和內在存在的思維振動相符，否則你不可能覺得快樂。

舉例來說，你的內在存在把注意力放在你的價值上，可是當你發現自己的缺點，所感受到的負面情緒就造成不和諧的振動或抗拒。內在存在選擇把注意力放在能感受到愛的事物上，當你想著你害怕的人或物，你的思維就跟內在存在無法相符。內在存在只專注於成功，當你選擇把自己的行爲看作失敗時，你就跟內在存在的觀點無法契合。

透過本源的眼睛看世界

選擇讓你感覺更好的思維，多提及你想要的東西，少提你不想要的，你就會慢慢把自己的振動頻率調整符合更廣大、更有智慧的內在存在。當你在有形的世界中體驗時，能夠與更寬廣的視野享有契合的振動頻率，是最棒的一件事，因為當你的振動頻率符合更寬廣的視野時，你就能夠從更寬廣的視野來看你的世界。**透過本源的眼睛來看世界，便能看到令人嘆為觀止的景象，因為站在振動的制高點，你只會和你認為最好的世界振動相符，你也會吸引到你想要的事物。**

負責把亞伯拉罕的振動轉譯為文字的伊絲特知道該怎麼做。她會放鬆自己，用心讓自我存在的振動升起，直到與亞伯拉罕的無形振動完全契合。她已經練習好多年，對她來說這麼做再自然不過了。她早就了解振動相符對她多麼有益，如此她才能把我們的知識順利轉譯給有形世界的其他朋友。但直到某個美麗的春天早晨，她才明白振動相符還有其他好處。那天她獨自走向門前車道，因為朋友待會兒要開車過來，她先去幫忙開門。

站在門口等待時，伊絲特凝望天空，覺得那一天的天空比之前更美麗：色彩豐富，鮮藍色的天空和雪白的雲朵形成強烈對比，讓她忍不住讚嘆。她聽見遠處傳來甜美的鳥鳴聲，但看不到鳥兒在哪裡，那悅耳的鳴唱讓她興奮地渾身打顫。聽起來就像鳥兒正在她頭上盤旋飛舞，或者坐在她的肩膀上。然後她注意到周圍的植物、花朵和土壤散發出各種美妙香氣，隨風飄散，把她整個人圍繞起來。她覺得充滿活力，愛上了這個美好的世界。然後她大聲說：「在宇宙各處，再沒有任何時候或任何地方能比此時此地更加美好！」

然後她說：「亞伯拉罕，是**你們**吧？對不對？」我們讓她咧嘴而笑，她發現我們透過她的眼睛看世界，透過她的耳朵聆聽，透過她的鼻子聞到香氣，透過她的皮膚感覺。

「沒錯，」我們說，「我們透過你的身體來感受有形世界的美好。」

當你感受到純粹的愉悅時，就是你和內在本源完全契合的時刻。你覺得某個想法深深地吸引你，也是完全契合的時刻。事實上，你覺得愈開心，和本源就愈加契合，更貼近你**本來的面目**。

和更寬廣的視野契合一致，會讓你更快達成生命中的重大期望，比方說美好的伴侶關係、令人滿意的事業，並且得到足夠的資源去做你真正想做的事，而這個有意的契合會增進你每日每刻的體驗。調整自己去符合內在存在的視野，你就能看得更清晰，對生活更滿意，享有更多的愛。在這個美好的世界上，在這個美好的時刻，透過這個美好的身體，你找到了自己想要的生活方式。

選擇讓自己更快樂

伊絲特能讓亞伯拉罕透過她的感官欣賞世界，給她美妙無比的體驗，原因在於她一早起來就期待會有好事發生。還躺在床上時，她就開始尋找能讓她感到快樂的事物，那令人愉快的思維吸引了另一個令人歡欣的思維，一個接著一個，持續地到來，等她走到門口（大概是兩個小時後），靠著用心選擇的思維，她讓自己的振動頻率變得非常貼近內在存在的振動頻率，內在存在因此能和她順暢無阻地交流。

你現在選擇的思維會吸引接下來的思維……此外，它也能幫助你和內在存在更契合。專注於你想要的東西，不去想你不想要的東西，你會發現，自己更貼近本源純粹、積極的振動。這麼一來，你會覺得生活快樂無比。

負面情緒會引來病痛？

伊絲特的振動頻率完全符合本源，讓她在自家門口的體驗更上一層樓，達到圓滿的境界。但如果你的振動頻率跟本源及圓滿的境界完全不符，有可能會體驗到更深一層的負面感受。也就是說，當你的振動頻率無法與圓滿契合時，疾病或病痛就會找上身來。

體驗到**負面情緒**（恐懼、懷疑、挫折、寂寞等等）時，負面情緒的感受就是你當下的思維和內在存在的振動頻率無法協調的結果。在所有有形和無形的生活體驗中，內在存在（無形的你）是更大、更有智慧的存在。因此，每當你專注於和內在存在的知識不協調的思維上，就會帶來負面的情緒。

如果你坐在自己的腳上，阻礙血液的循環流動，或者把止血帶纏在脖子上，阻礙氧氣在體內流通，你會立刻感覺到受限。同樣地，當你心中的思維牴觸內在存在的思維，進入身體的生命力（也就是能量）也會遭到阻擋，受限的結果就是你會感受到負面的情緒。負面的情緒持續很長一段時間後，你的身體也會體驗到健康惡化的情況。

別忘了，所有事物都具有兩個面向：**想要的，和缺乏想要的**。好比拿起一根棍子，一端代表你想要的，另一端代表你不想要的。我們姑且把這根棍子取名爲「身體健康」，它的一頭代表「健康」，另一頭則是「疾病」。大多數人光是看著這根棍子的「疾病」那一頭，並不會因此生病，他們會生病，是因爲他們看著許許多多不同的棍子時，都只看到「我不想要」的那一端。

你只注意自己不想要的東西，而內在存在卻注意你想要的東西，長久下來，你會覺得自己的振動頻率完全不符合內在存在，這就是疾病：因著你選擇的思維，你和內在存在之間出現了距離。

把不好的感覺轉變成好的感覺

大家都希望能夠快樂，但多數人認爲，周圍要先有令人覺得愉悅的事物，他們才會感到快樂。事實上，大多數人的感受都會受到當下觀察對象的影響。如果看到的東西令他們開心，他們就覺得很快樂；如果看到的東西無法讓人覺得高興，他們就很不開心。大多數人覺得自己無法一直保持愉快的心情，因爲他們相信，要得到快樂，周遭的情況必須先改變，可是他們又認爲自己沒有能力改變這麼多狀況。

然而，一旦你明白所有事物事實上都具有兩個面向（你想要的，和得不到你想要的），當你看著一件事物時，你就能學會看到更多正面的地方。這就是所謂**轉換思考的過程**：不論對象爲何，用心去看更正面的地方，也就是會讓你感覺更快樂的方向。

面對你不想要的狀況，並且覺得很糟糕時，如果你願意說：「我知道我不想要什麼……那我到底想要什麼呢？」你的關注方向會影響你的振動頻率，振動會出現些許改變，讓你產生的吸引力跟著改變。這就是改變人生故事的方法。與其說：「我的錢總是不夠用。」不如說：「我希望能有更多錢。」這是一個截然不同的故事，完完全全不一樣，感覺也不一樣，過了一段時間，就會帶給你不一樣的結果。

在視野不斷變化的同時，繼續問你自己：「我究竟想要什麼？」最後你就會進入非常喜悅的境地，因為你一直問自己想要什麼，產生的吸引力也一定會朝著那個方向移動……過程雖然緩慢，但持續練習下去，只要幾天，就能看到奇妙的成效。

我跟我的願望達成一致了嗎？

轉換思考很簡單：每當你發現自己感受到負面情緒時（其實你是感受到你和自己想要的東西無法契合），就停下來告訴自己，我感受到負面的情緒，表示我跟我想要的東西無法達成和諧。那我想要什麼呢？

每次感受到負面的情緒時，其實你正站在有利的位置，可以找出在這個時刻，自己到底想要什麼，因為有了不想要的體驗，你才能更清楚知道自己想要什麼。所以，停下來，對自己說：一定出了什麼問題，不然我不會有負面的情緒。是什麼呢？我要什麼？然後，很簡單，只要把注意力轉移到你想要的東西上……當你將注意力轉移到你想要的東西，負面的吸引力就會停止；負面的吸引力一停下來，正面的吸引力就開始運作。就在這個時刻，你的感受會由負而正。這就是轉換思考的過程。

我想要什麼？為什麼我想要這些東西？

當你開始訴說不同的人生故事，或許最強烈的抗拒是來自你認為應該要「實話實說」的信念。但是你要明白，當你用「事實就是這樣」的方法說故事，一定會得到吸引力法則的回應，不論你說什麼故事，它都會流傳得更久。或許對你最有利的做法，是說個不一樣的故事，更貼近你現在想要的生活方式。「我究竟想要什麼？」慢慢改變說故事的方法，讓自己更靠近正面的吸引力。

別忘了，你心裡想什麼，那些事物的振幅就會來到你眼前，不論你要不要，因為吸引力法則就是如此運作。因此，絕對不要用「現在就是這樣」的方法說故事。以你當下的創造為基礎，訴說希望未來能得到的體驗。

有時候人們會誤解了轉換思考的過程，做出錯誤的假設，認為轉換思考是要把注意力移到不想要的東西上，還努力讓自己相信那才是他們想要的。他們以為我們要他們把注意力放在錯的地方，還得說那是對的；他們以爲要欺騙自己，去接受不想要的東西。但是你永遠無法欺騙自己，你永遠無法強迫自己改變對某樣東西的感覺，因爲你的感受就是你的感受，你會有那樣的感受，一定是出自你的思維。

在生活中，注意你不想要的東西，藉以釐清自己想要什麼，其實是一件很不錯的事。只要你能關心自己的感受，就可以應用轉換思考的過程，把注意力轉移到你想要的地方。接下來吸引力法則就會回應不斷改進、讓你感覺愈來愈好的思維，你會發現自己的人生體驗變得愈來愈符合你想要的樣子，不想要的事物則慢慢從你的體驗中淡出。

用心實踐轉換思考的過程，表示你用心選擇自己的思維，也就是用心選擇吸引力的振動頻率，也因此能用心選擇自己的未來。轉換思考就是刻意轉移你的注意力，引導你的人生體驗。

現在就可以覺得更快樂

很多人抱怨說，要是他們眞的碰過好事的話，當然會更容易把注意力轉移到正面的地方。他們說的沒錯，如果好事已經發生，當然更容易覺得開心。看到美好的事物時，比較容易讓你覺得開心，我們當然同意這個說法。但如果你相信你只能把注意力放在已經發生的事情上，萬一已經發生的事情令人不悅，那你可能就要等上一輩子的時間才會見到好轉，因爲當你專注於不想要的東西，會妨礙想要的事物來到你眼前。

不需要等到好事發生才能有快樂的感覺，因爲你有能力引導思維，不論現在發生什麼事，你都可以想到更好的景況。如果你在乎自己的感受，也願意轉換思考，把注意力轉移到令人感覺更棒的思維上，你的人生很快就會出現正面的轉變。

你所體驗到的事物，正是爲了回應你的振動。你會發出這樣的振動，是因爲你腦海中有那樣的思維，你也能根據你的感受，知道自己心裡在想什麼。找到讓你感覺開心的思維，就能看到令你覺得開心的情況。

很多人說：「如果不是現在這個樣子，我就會覺得更開心。如果我跟伴侶的關係能改善、如果我的室友不要那麼討厭、如果我沒有病痛、如果我能夠瘦下來、如果我的工作更有成就感、如果我更有錢……如果生活的狀況能夠改善，我就會更快樂，然後就更容易想到更正面的事。」

看到令人開心的事物，的確會帶來美好的感受，如果一眼就能看到這樣的東西，確實比較容易讓你覺得開心。但是，你不能要求周圍的人協力，只爲了取悅你。期待他人爲你提供理想的環境，那是不可能的，因爲他們沒有義務滿足你的欲望；他們不可能控制你已經創造出來的環境；最重要的是，你會因此喪失了創造自身體驗的能力。

下定決心，在你必須專注的事情上，找到給你最佳感受的地方。找到讓你感覺快樂的事物，然後把注意力轉移過去，你的生活才會愈來愈快樂。

注意不想要的，會引來更多不想要的

每一件讓人開心的事物背後，都有一件令人不開心的對等物，因爲在宇宙中，隨時都有你想要的東西和你想要卻得不到的東西。當你的注意力放在某件事物令你覺得不喜歡的地方，想將之驅逐，不想要的事物反而更容易出現在你眼前。因爲你的注意力放在哪裡，你就會得到類似的東西。

你生活在一個「兼容並蓄」的宇宙裡。也就是說，在這個「納入型」的宇宙中，沒有「排除」這回事。當你看到你想要的東西，並表達你的願望，就等於說：「對，那就是我想要的，快來吧。」當你看到你不想要的東西，還大喊「不要」，就等於說：「快來吧，我不想要的東西！」

在你周圍的所有事物中，有你想要的，也有你不想要的。是否把注意力放在你想要的東西上，就看你的選擇。看看四周，有非常多的選擇，你要用心選擇你的思維。如果你試著去做讓你覺得快樂的事，努力用不同的方法訴說你的人生故事，描述其中的人物和體驗，你就會看到你的人生開始轉變，變得更符合新版故事中的情節。

有時候你認爲自己只想著想要的東西，但事實上正好相反。或許你的話聽起來很正面，或許說話時你臉上帶著微笑，但那並不表示你的振動朝向正面的那一端。在說話時，一定要注意你的感覺，確定你發出的振動符合你想要的東西，而不是不想要的。

專注於解答，而不是問題

電視上的氣象播報員說「大旱」來了，在乾旱的季節裡，我們的好友伊絲特人在德州的家中，她走在小路上，注意到草地乾了，美麗的樹叢因爲缺乏雨水滋潤而出現了乾枯的徵兆，她很擔心。她注意到幾小時前才剛裝了水的鳥兒水盆裡空空如也，然後她想到，口渴的小鹿或許跳過圍籬來搶喝盆裡的那一點點水。她覺得情況非常急迫，停下腳步仰望天空，用非常有信心的聲音，說出聽起來非常積極的話：「亞伯拉罕，我希望能下些雨。」

我們立刻回答了：「哦，缺水缺得這麼厲害，你覺得會下雨嗎？」

「我做錯了嗎？」她問。

我們問：「你為什麼希望能下雨？」

伊絲特回答：「我希望能下雨，因為雨水能讓大地復甦。我希望能下雨，因為雨水能讓樹叢裡的動物解渴。我希望能下雨，因為雨水能讓草地變綠，踏在濕潤草地上感覺很好，大家都會覺得很開心。」

我們說：「現在，雨水會被你吸引來了。」

「你為什麼希望能下雨？」這個問題讓伊絲特把注意力從**問題**上移開，轉換到**解答**上。在思索你為什麼想要某樣東西時，你的振動通常會出現變化，朝著你的願望移動。不論何時，當你想到應該怎麼做，或者應該由誰達成時，你的振動通常就會朝著問題而去。

你看，我們問她為什麼希望能下雨，把她的注意力從出了問題的地方移開，她成功地做到了轉換思考。除了思索她想要什麼，她還想到為什麼，在這個過程中，她覺得更開心了。那天下午就下雨了，當晚氣象播報員說：「德州下了一場罕見的雷雨。」

你的思維充滿力量，你對自身體驗的掌控超乎你的想像。

我眞正想要的，就是覺得快樂

一位年輕父親對自己的小兒子每晚都尿床感到無計可施。一早起來發現床單和衣服都濕透了，眞的令人討厭，而且他很擔心若情況持續下去，會讓他情緒崩潰。大家也看得出來，他覺得兒子的行爲很可恥。他對我們抱怨：「他已經長大了，不該再尿床。」

我們問：「早上你進去他的房間時，情況怎麼樣？」

「只要一聞到味道，我就知道他又尿床了。」

「那你有什麼感覺？」我們問。

「很無助、生氣、挫折。他尿床的問題持續好久了，我不知道該拿他怎麼辦。」

「你會跟你兒子說什麼？」

「我會叫他把尿濕的衣服脫掉，進到浴缸裡。我告訴他，他已經長大了，不該再尿床，我們早就討論過這個問題了。」

我們告訴這位父親，他的做法只會讓兒子繼續尿床。我們向他解釋：當某種情況控制你的感受時，你無法用你的力量去影響這個情況；但當某種情況發生時，你可以控制你的感受，那你就有力量去改變這個情況。舉例來說，當你進入兒子的房間，看到你不希望發生的事情發生了，如果你可以停下來，承認你不想要的事情發生了，問你自己，你想要什麼，然後問你自己爲什麼想要那樣東西，強化轉換思考的過程，你立刻就會覺得豁然開朗，也會看到你發出的正面力量具有什麼效果。

「你想要什麼？」我們問。

「我希望我的小寶貝起床時很開心，全身乾爽，以自己爲傲，不覺得丟臉。」

這位父親把注意力放在他想要的東西上，立刻覺得鬆了一口氣，因爲這麼做，他和自己的願望得以協調一致。我們告訴他：「在你思考這一大堆的想法時，從你心中發出的思維會跟你想要的達成一致，那麼你對兒子就會產生更正面的影響。接著，你可能會說：『噢，這是成長的過程。大家都經歷過這個階段，你就要長大了。現在把濕衣服脫掉，去洗洗澡。』」這位年輕的父親不久之後就打電話來，很開心地告訴我們，他兒子再也不尿床了。

一覺得不開心，就吸引來不想要的事物

雖然多數人或多或少都能察覺到自己的感受，但只有少數人眞的明白他們的感受或情緒所提供的引導有多麼重要。用最簡單的說法來解釋：只要一覺得難過，你就會開始吸引

讓你覺得不開心的東西。負面情緒之所以產生，是因爲你把注意力放在你不想要的事物上，或者只想著你匱乏或缺少的東西，沒有例外。

很多人把負面情緒當成不想要的東西，但我們覺得負面情緒是很重要的引導，幫助你了解你的注意力正往哪裡走……也就是你的振動方向……也就是你發出吸引力的方向。你應該把負面的情緒當成「警鈴」，因爲這樣的情緒一出現，你就收到了訊號，知道該轉換思考了。我們想稱之爲「引導鈴聲」。

情緒就是你的引導系統，在透過思維創造的過程中，幫助你明白自己的角色。當人們剛明白思維的力量，知道要把注意力放在讓自己感覺快樂的事物上時，若他們發現自己出現負面情緒，通常會覺得很不好意思，甚至生自己的氣。但是這表示你的引導系統運作正常，沒什麼好氣的。

每當你察覺到負面的情緒出現時，讚美自己能夠察覺到引導系統，然後選擇讓你更快樂的思維，慢慢地讓自己覺得更好。這是非常微妙的思考轉換過程，你正用心地選擇能令自己更快樂的思維。

感覺到負面情緒時，對自己說：我感覺到負面的情緒，表示我正吸引我不想要的東西。那我想要的是什麼？

通常只要坦承你「想要覺得很快樂」，就可以把你的思維轉到感覺更快樂的方向。但你一定要明白，「想要覺得快樂」跟「不想要覺得糟糕」之間的差別。有些人覺得這只是同一件事的兩種說法，但這兩種說法其實正好相反，振動頻率完全不一樣。如果你一直尋找能讓你感覺快樂的事物來引導你的思維，隨之發展出的思維模式或信念，就能幫你創造出精采快樂的人生。

我的思維聚合成更有力量且契合的思維

不論你正在想什麼，也許是過去的回憶、當下的觀察，或對未來的展望，這個思維正浮現在你腦海，並且會吸引類似的思維和想法。你的思維會吸引其他振幅相似的思維，當你專注的時間愈久，思維就變得愈強大，凝聚更強的吸引力。

我們的朋友傑瑞把上面的現象比喻成船繩。船夫要用很粗的繩子綁住船隻，但繩子太粗了，他無法將它拋過水面丟到船上。於是船夫便從碼頭丟了一個繩球過去，用繩球解開的繩子編成粗繩，然後結成更粗的繩子，再結出更粗的繩子……最後，這條粗繩子繫在船上，就能把船隻輕鬆地固定在碼頭上。你的思維也一樣，不斷聚合，彼此連結。

碰到某些問題時，因爲你把負面的繩子拉長了，就很容易朝著負面的方向愈走愈遠。

也就是說，某人只說了幾個負面的字眼，卻讓你回想起某件不好的事，或者別人給了你建議，你就立刻陷入負面的慌亂情緒。

你無時無刻不在想事情，這就是你發出的吸引力，你可以把你的思維引導到正面的方向，也可以引往負面的方向。舉個例子，你去雜貨店買東西，卻發現你固定會買的東西價格翻了好幾倍，你感到一陣恐慌。或許你以為，你會震驚只是因為那個東西的價格突然上漲，而既然東西要賣多少錢不是你能決定的，你別無選擇，只能任由不安的感覺盤據心頭。然而，我們要指明，你感到不安，並非因為店家抬高了貨品的價格，而是因為你自身思維的走向。

就跟編繩子固定船隻一樣，你的思維彼此相繫，很快地朝更高的振動頻率而去。比方說：噢，這東西比上星期貴多了……價格漲得沒道理……老闆太過分了，賣這麼貴……通貨膨脹失控了……不知道將來還會怎樣……我們的日子快過不下去了……經濟出了問題……我買不起價格漲這麼多的東西……我賺錢很辛苦，都快入不敷出……賺錢的速度比不上物價飛漲的速度……

當然，負面的思維有可能朝很多方向走——責怪店老闆、責怪經濟狀況、責怪政府，但通常還是會回歸到你的感受，你對這情況的感受會給你負面的衝擊，因為所有你觀察到的事物都只屬於你自己。事實上，所有的東西都只屬於你，是你對它發出振動頻率，並透過思維影響你所吸引到的東西。

如果你能察覺到自己的感受，明白情緒會指引思維的方向，你就可以用心地引導你的思維。比方說：噢，這東西比上星期貴多了……但是，瞧瞧購物籃裡的其他東西，或許一樣變貴了……也有可能比較便宜……我都沒注意到……我只注意到這樣東西變貴了，因爲價格眞的漲了很多……物價的確會波動……我一向應付得很好……價格變貴了，不過我還能維持生計……物流系統眞令人嘆爲觀止，我們能買到這麼多不一樣的東西……

一旦你下定決心要感到快樂，你會發現自己更容易讓思維走向令人覺得快樂的方向。

點燃了內心想要感到快樂的願望後，要讓快樂的思維一直縈繞心頭，如此一來，你會發現要把自己的思維引導到富足喜悅的方向變得愈來愈容易。你的思維具有強大的創造力和吸引力，只要你不斷發出令自己快樂的思維，就能好好駕馭這些力量。當你的思維在想要和不想要的、優點和缺點、長處和短處之間不斷來回擺盪時，你就失去了純粹的正面思維所能帶給你的力量。

創造正向的記事本

傑瑞和伊絲特剛開始跟我們合作的那一年，他們在距離德州家中百哩遠的大小城市租用飯店的會議室，提供有興趣的人一個舒適的地方來跟我們討論個人的問題。有一間飯店在奧斯汀，雖然伊絲特早就安排好也簽了合約，還提早幾天打電話去確認，但他們還是忘記了我們的活動。儘管飯店保證有辦法接待來賓，傑瑞和伊絲特還是很緊張，他們不斷催促飯店員工快點把會議室準備好，等待聽眾到來。

伊絲特忍不住說：「我覺得我們應該訂另一家飯店。」

我們說：「或許這個想法不錯，但別忘了，你要把自己也帶過去。」

「什麼意思？」伊絲特語氣有點防衛。

我們解釋：「如果你採取行動的起點是出自匱乏，你的行動一定會產生不良的後果。事實上，另一家飯店很有可能發生跟前一家飯店一樣的失誤。」我們的解釋讓傑瑞和伊絲特哈哈大笑，因爲他們之前才因爲同樣的理由，從一家飯店換到另一家。

「我們該怎麼辦？」他們問。我們鼓勵他們去買本新的記事本，在封面上寫幾個大字：**我的正向記事本**。在記事本的第一頁，就寫上「關於奧斯汀某某飯店的正向記事」。

伊絲特寫下了：「這間飯店很完美。地點很棒，靠近州際公路，路線也很好找。任何大小的房型都有，很適合不斷增加的聽眾人數。飯店員工一向都很友善……」

伊絲特寫下了她的想法，她對這家飯店的感覺從負面變成正面，等她的感覺改變了，來自飯店的吸引力也改變了。

她並沒有寫：「員工一定會先準備好，等待我們到達，」因為這牴觸了她的體驗，寫下來的話會引發矛盾的感覺，激起自衛或辯解的心理。她想要感到快樂，並用心地把自己的注意力放在飯店的優點上。伊絲特對這家飯店所產生的吸引力出現了變化，然後發生了一件伊絲特覺得很有趣的事情：飯店的員工再也沒忘記她預訂的活動。伊絲特覺得這件事很耐人尋味，她發現飯店員工並不是因為不關心或丟三忘四才忘了她的預約，他們只是受到她的主觀思維影響。簡單地說，他們無法抵抗伊絲特發出的負面思維。

伊絲特很喜歡她的正向記事本，喜歡到她把生活中大大小小的事情都寫在上頭。我們鼓勵她除了寫希望改善的地方外，也要寫已經給她正面感受的事情，養成正面思考的習慣，享受令她覺得快樂的思維。這是一種非常好的生活態度。

吸引力法則增強思維的力量

體驗到不想要的狀況時，你往往覺得必須解釋爲什麼會發生這樣的事，而這麼做或許只是爲了替自己辯解。不論是自衛、辯白、找理由，還是責怪某件事或某個人，你都無法擺脫負面的吸引力。在解釋爲什麼某件事無法如你所願時，你說的每個字都持續發出負面的吸引力，因爲在你解釋爲什麼會碰到不想要的事情時，你無法專心想著你想要什麼。你無法同時把注意力放在負面和正面的地方。

想找出問題從何而來，通常只會讓自己發出更多負面的吸引力：**問題的根源是什麼？爲什麼我無法隨心所欲？**想要改善自己的體驗，是很自然的事，專心尋找解答，也很合乎邏輯……但是認眞尋找解答，和強調問題來證明你需要找到解答，是完全不同的兩件事。

察覺到某件事不符合你的願望，是很重要的第一步。一旦有了這樣的覺醒，若能更快把注意力轉到尋找解答的方向，就會更好，因爲對著問題鑽牛角尖，只會妨礙你找到答案。問題和解答的振動頻率完全不一樣。

明白轉換思考的價值後，你可以熟練地辨別你不想要的東西，並立刻把注意力轉移到想要的東西上。你將會發現，周圍充滿了美好的事物，在你的世界中，好事比壞事多。此外，每天運用正向記事本寫下你的感受，你會變得更容易想到正面的事物。久而久之，你的思維就會慢慢地移向你想要的東西。

愈是專注於尋找令自己覺得快樂的思維，你會愈加感受到，想著你想要的東西，跟想著你想要卻得不到的東西，兩者之間有多大的差別。當你不安地說你想要改善某個情況（例如改善財務狀況，或改善身體狀況），或產生類似的思維時，反而會妨礙自己，無法獲得改善。

在一開始的創造階段，轉換思考和正向記事這兩個過程可以幫助你了解自己是否正抓著負面的想法，如果是的話，你要馬上放開手，想辦法抓住正面的想法。

從一個讓你覺得好一點的想法，進展到一個讓你覺得更好一點的想法，循序漸進……比直接想像讓人彷彿置身天堂的事情更容易，因爲所有的思維（或振動）都受到吸引力法則的影響，由法則掌控。

以正向的思維展開一天

當你把注意力放在不想要的事物上，你會一直想著不想要的東西（甚至發現其他強化負面思考的證據），因爲相似的思維會彼此吸引。但如果你想一口氣來個大躍進，從非常負面、完全是你不想要的東西，直接跳到正面且令人愉快的事物上，也是難以做到的事，因爲這兩種思維之間的振動差異太大了。下定決心，慢慢地、穩定地朝著正面的方向前進，才是改變個人振動的最佳辦法。

經過幾個小時的熟睡（這時你所發出的振動頻率已經脫離了不想要的東西），一早起來，你正處於最積極正面的振動狀態。在開始今天的體驗以前，如果你可以先想想生命中美好的事物，就能用更積極正面的方式展開這一天，吸引力法則匯聚而來的思維，將讓你充滿歡欣，隨處都有助益。

換句話說，每天早上你都有機會建立新的振動基礎（就像一個起跑點），爲你一整天的思維立下一個新方向。或許一天中發生的事情會偏離這個出發點，但隨著時間經過，你會發現你完全能夠控制自己的思維、振動，以及所發出的吸引力——也就是你的人生！

重新找回能量的契合

當你睡覺的時候，或者說當你的注意力沒有刻意放在身體上的時候，身體的吸引力就停了下來。睡眠是內在存在跟能量重新契合的時刻，同時也可以恢復身體的活力。每晚躺在床上，如果你能對自己說：今晚，我會好好休息，身體的吸引力會完全停下來，明天早上起床後，我會再度回到有形的體驗中。如此你就能充分享受睡眠能帶來的益處。

從睡夢中甦醒跟誕生進入有形的身體其實沒什麼兩樣。因此，當你醒過來的時候，睜開眼睛，告訴自己：今天，我要尋找快樂的理由。感到快樂，才是最重要的事。選擇正向的思維，吸引正向的思維，把我的振動頻率提升到和宇宙中的正面事物一起共振。

你的振動就在你睡前停下來的地方。如果睡前你躺在床上，擔心著某件事，等你醒來的時候，又會回到前一晚思維或振動停下來的地方，然後你一整天的思維就會從這個負面的出發點開始。吸引力法則會持續運作，把其他的負面思維吸引過來。假如你在睡前能稍做努力，找出生活中正面的地方，用心地發出思維，因爲你記得，進入睡夢中你將要脫離一切，補充新的能量，然後當你醒過來，你會說：今天，我會找到讓我覺得開心的原因……如此你就能學會掌控思維和生活。

與其擔憂世界上的問題，或想著你今天該做的事，不如躺在床上，尋找當下的正面事物：這張床好舒服啊。床單的觸感太好了。我全身都覺得好放鬆。枕頭太舒適了。呼吸的空氣好清新。活著眞好！這麼想，你就拉住了繩子積極正面的那一端。

吸引力法則就像一面巨大的放大鏡，會把所有東西都放大。因此，當你尋找讓你覺得快樂的原因（垂手可得的東西），吸引力法則就會帶給你類似的思維，一個又一個接踵而來。這就是我們說的，以正向的思維展開一天。

只要一點點努力，以及眞心想要感到快樂，你就可以把思維導向讓人更爲愉悅的狀態，最後你會改變慣有的思維，以及所發出的吸引力。你很快就會看到思維改善的證據。

睡前正向記事的過程

生活中的行動讓你相信，一定要努力才會有所成果，但當你學習用心引導思維，你會發現思維具有無與倫比的影響力和力量。持續把注意力朝著你的願望投射過去，不要一下子想著**想要**的東西，一下子又想著**不想要**的東西，這麼做只會削弱思維的力量。從個人的體驗中，你會明白我們在說什麼。受到行動牽引時，你常會努力過了頭。結果，大多數人只會注意到哪裡出了錯（把注意力放在需要修正的地方），而不是專心想著自己的願望。

我們要教大家一個很好的方法，在睡前練習正向記事的過程：當你躺在床上，試著回想這一天裡讓你最愉快的事情。每天一定都會發生很多事，你可能要思索一下，甚至可能會想起一些不怎麼愉快的事情，但要繼續想有什麼讓你覺得很快樂的事，專心思索。

用力燃起正向的火花，對自己說：我覺得那很不錯，因爲……我最喜歡的地方是……

一旦找到正面的思緒，就加以擴大，想想一整天最開心的事，然後，當你感受到正面思維的效果時，馬上想著最重要的目的：好好睡一覺，第二天起來感到神清氣爽。

對自己說，我要睡了，當我睡著的時候，因爲思維都停了下來，我的振動也會停止，身體會得到最好的休息。把注意力放在周遭的事物上，比方說舒服的床鋪、柔軟的枕頭、這個時刻的圓滿。接著，慢慢地發出意念：我會睡得很好，起床後會覺得煥然一新，發出快樂且正面的吸引力。然後睡吧。

一早起床就開始正向記事

第二天早上起床後，你覺得積極正向，非常快樂，第一個跑進腦海的想法就是：啊，我醒來了。我又回到身體中……在床上躺一下，感受床鋪的舒適，然後開始想：今天，不論我要去哪裡，不論我要做什麼，不論身旁的人是誰，我最強烈的意念就是要找到讓我覺得快樂的事物。我覺得快樂，就會振動發出更強大的力量。我覺得快樂，就能跟讓我快樂的事物達成振動一致。我覺得快樂，就能吸引到讓我快樂的事物。當我覺得快樂時，眞的好快樂！（如果快樂只是你當下的感受，其實就夠了，因爲你實際所得往往不只是感受而已。）

我們會在床上躺個兩三分鐘（兩三分鐘就夠了），尋找周圍美好的事物，然後才起床展開新的一天。我們會發現更多美好的事物，不論注意力放在哪裡，持續尋找令人快樂的理由。

當你在尋找讓你快樂的理由時，很容易感受到負面的情緒，因爲想到某些事情的時候，負面的動力早就開始運作了。一感受到負面的情緒，就要停下來對自己說：我要感到快樂。我覺得有點負面的情緒，表示我把注意力放在不想要的東西上。那我到底想要什麼？接著立刻把注意力轉移到想要的東西上，專注於新的正面思維，多花點時間想一想，就能感受到正面的能量再度流入。

在一天的生活中，尋找更多值得你笑和快樂的事情。你想要覺得快樂，就不會太計較某些事；不去計較某些事，你就不太可能會注意到你缺乏的東西；不把注意力放在自己的匱乏上，你就會覺得更快樂；當你覺得更快樂，就會吸引更多你想要的東西……你的生活就會愈來愈美好。

晚上躺在床上時，你就可以在心中想著美好的事物，進入甜美的夢鄉，起床後也會感覺更棒了！

我知道我想要什麼樣的感受

有時候當你處在不快樂的情況中，你會掙扎著想要在其中找到感覺較好的事物。可是有些東西令人無法忍受，有些事物壞到你無法忽視，似乎找不出任何正面的地方。之所以如此，是因爲你妄想一步登天，想要從眼前的糟糕情況馬上跳到你想要的結局。也就是說，如果你現在就想要找到解決問題的方法，但你發現自己似乎無法採取適當的行動，要記得，雖然你當下的行動似乎沒有什麼正面的效果，雖然你無法找到讓自己覺得更快樂的方法，但**你總是知道自己想要什麼樣的感受**。

就好像有人說：「我剛從飛機上跳下來，沒有背著降落傘。該怎麼辦？」有一些情況是，在當下無論你做什麼或想什麼，都無法明顯改變朝著你而來的結果。有時候你不知道該採取什麼行動來解決問題，同樣地，也沒有思維能夠立即改變局勢。

但是，如果你明白思維的力量，也知道持續保持令你快樂的感受能帶來驚人的影響力，你就會開始利用感受或情緒提供的引導，用心選擇思維，把注意力放在更美好的感受上，讓你的生活轉變成美好的體驗。如果用心選擇的思維能給你一點點慰藉的感覺，通往解答的路就在你眼前開展。

或許在某些情況下，你不清楚該怎麼做，或許有時候你連自己想要什麼都無法決定，但不論何時，你一定知道你想要什麼樣的感受。換句話說，你要快樂，不要難過；你要提起精神，不要覺得疲憊；你要充滿活力，不要衰弱頹廢。你知道你希望自己成就豐碩，不要徒勞無功；你要自由，不要受限；你要成長，不要停滯不前……

思維無法與內在達成一致，再怎麼採取行動都沒有用，但當你能夠更用心地選擇思維走向，掌控你的感受，你就會發現思維的強大力量。如果你能更用心地控制思維，就能更用心地掌控生活體驗。

感覺快樂才是最重要的事

用心選擇思維，其實一點也不難。通常你對吃的食物、開的車子和穿的衣服，都有自己的想法選擇，而做個用心的思考者，所需要的用心程度不過於此。學習引導思維朝著讓你覺得快樂的方向而去，這麼做對生活的改善程度遠超過你對食物、車子或衣服的選擇。

讀了這些字句，感受到自己和它們的意義及力量和諧一致，下次當你再度感受到負面情緒，你會知道這其實是很重要的情緒引導，能幫助你把思維轉到更有成效、更有益處的方向去。也就是說，當負面情緒來襲時，你明白這表示你正在吸引不想要的東西。即使你不知道負面情緒所爲何來，你仍會吸引不想要的事物，因此能夠清楚察覺你的情緒，以及情緒提供的引導，是很重要的一件事。了解情緒，就能掌握生命的體驗。

不論何時，當你覺得不開心時，如果你能停下來，對自己說：我覺得快樂才是最重要的事，我要找到讓自己快樂的理由。如此一來，你就會找到更積極的思維，然後積極的思維會不斷進入你的腦海。養成習慣，不斷尋找讓自己快樂的思維，周圍的環境一定會有所改變。吸引力法則就是這麼運作的。當你覺得快樂，你會體驗到宇宙協力，所有門都對你敞開；當你覺得難過，彷彿到處吃閉門羹，齊心協力之感也不見了。

感受到負面的情緒時，你就進入抗拒的模式，抗拒你想要的東西，而你會爲此付出代價。你的身體會受到損傷，你允許進入自身體驗的美好事物也會減少。

一生中，你會注意到想要的東西和不想要的東西，因此創造出某種**振動暫存區**，你想要的東西都會先暫放在這裡，等你跟它們的振動頻率相符時，才能眞正擁有你想要的東西。但除非你找到方法，在還沒體驗到這些事物前，就能因爲它們而感到快樂，否則你會覺得永遠被拒於門外。然而，心繫念某些事物時，開始尋找相關的正向思維，也就是用心選擇更正面的想法，大門就會爲你敞開，你想要的東西就會進入你的體驗。

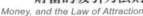

錦上添花，好上加好

不論看著什麼東西，你都會用心尋找正向的地方，那麼基本上，你已經把自己的振動頻率調整至更爲接近所有事物美好的那一面。當然，你也可以朝著負面的方向前進。很多人因爲師長同儕的影響，陷入痛苦的比較中，在自我批判的態度中苦苦掙扎，沒有什麼比這種負面的自我態度對正向的吸引力傷害更大。

因此，有時候你可以選擇一些你並未抱持如此負面想法的事物，自我調整，找到更快樂的頻率；以此爲基礎，將思維轉到自己身上，你會比平常更能夠找到正向的地方。一旦你找到周圍環境中更多正面的事物，你會發現自己身上有更多正面的地方，尋找正向美好的事物也會愈來愈容易。

當你發現自己身上有你不喜歡的特質後，你在別人身上會看到更多你不喜歡的特質。就像你們說的：「雪上加霜，火上澆油。」但若你能用心尋找自己或其他人身上正面的地方，你會發現是：「錦上添花，好上加好。」

我們一直強調，你要尋找正面的事物，把注意力放在想要的東西上，因爲所有朝你而來的事物，都立基於一個簡單的前提：不論你要不要，你心裡所想的東西，會不斷來到你眼前。

你的體驗，由你吸引

你的體驗，由你創造。或者可以說，**你的體驗，由你吸引**。所謂創造，並不是找出你想要的東西，然後去追求、去爭取。創造是把注意力放在想要的東西上，把你的思維調整符合你想要體驗的事物，讓吸引力法則把事物帶到你的體驗中。

當你想起過去的回憶，想像未來的事情，或者觀察當下的狀況，你發出的思維振動都會得到吸引力法則的回應。你可以把你的思維稱作**願望**或**信念**（信念只是一直縈繞在你心頭的思維），但不管注意力在哪裡，都會產生吸引力。

所有事物都具有兩個面向：你想要的，和缺乏你想要的。所以，有可能你以為自己正想著正面的事物，實際上卻把注意力放在負面的地方。人們會說：「我要更多錢。」但事實上他們心裡想的是，他們擁有的財富無法滿足需要。而當人們感覺不舒服時，更有可能表達出想要健康的願望。也就是說，他們的注意力放在不想要的東西上，口中卻說著他們想要的東西。在大多數的情況下，就算他們言語上看似把注意力放在想要的東西上，事實卻正好相反。

要知道你正在吸引正面還是負面的事物，一定要有意識地認清自己的感受。或許你無法馬上看見吸引力發揮了作用，但你心中的思維凝聚了相符的思維、振動和能量。最後，你吸引到的事物就會清楚彰顯在你眼前。

宇宙回應我的意念

周遭的人經過訓練調整，有時候確實可以回應我們的話語與需求，所以每個人都相信（或想要相信），宇宙間所有的事物也會如此。對別人說：「好，過來吧，」你可以預期他們會走過來。你說：「不要，走開，」你可以預期他們會離開。但身在吸引力法則的宇宙中（納入型的宇宙），即使你說不要也沒有用。

把注意力放在想要的東西上，說：「好，過來吧！」這個東西就會納入你的振動，吸引力法則便開始運作，把你想要的東西帶過來。但當你看著不想要的東西，說：「不要，我不要，走開！」你不要的東西也會被宇宙帶到你眼前。把注意力放在某個事物上，你的振動頻率就會跟這個事物達成一致，也會引發宇宙的回應。

因此，你說：「我想要健康的身體……來吧，我全心想要健康的身體。」你就會吸引健康。但當你說：「病痛，遠離我。」你就會吸引病痛。你說：「不要，不要，不要！」那東西反而更加靠近。你愈用力掙扎，想要對抗某個東西，那個東西反而愈容易變成你的體驗。

很多人以爲，只要找到完美的伴侶，或達到完美的體重，或累積足夠的金錢，就能一勞永逸，找到眞正的快樂……但是世界上沒有任何東西只有正向的那一面。宇宙的完美平衡代表正面和負面（想要和不想要）的東西到處都有。而你身爲創造、選擇、定義和決定的人，尋找正面的事物，正面事物就會變成你的生活，充滿生活的所有面向。你不用等待完美的事物來到你眼前，才能獲得正向的回應。你可以用正面的方式訓練你的思維和振動，然後你就能吸引或創造出正面的事物。

我們鼓勵你每天一開始就對自己說：不論我要去哪裡，不論我要做什麼，不論身旁的人是誰，我最強烈的意念就是要找到讓我覺得快樂的事物。

別忘了，每天早上起來的時候，你又重生了一次。在睡眠中，所有的吸引力都停止了。睡眠猶如隱退了幾個小時，你的意識會暫停發出吸引力，讓你恢復活力，享受新的開始。不要一大早就反覆思索前一天的麻煩，在這新的一天，那些煩惱都會遠離你，你已經重生，從頭來過。

決心讓自己快樂，就會吸引快樂的感覺

一位女士告訴我們：「最近我得去參加幾場節日派對，我一聽到消息，就心想：喔，瑪麗也會去，她一定會打扮得美艷動人。我馬上開始拿自己跟別人比較。我不想再比下去了，我只希望對自己能有良好的感受，盡情享受派對，不管誰會出席。你們能幫我實踐**轉換思考**和**正向記事**，改變我對自己的感覺嗎？事實上，我根本不想參加派對。」

我們解釋：雖然你的感覺和自我意識在考慮要不要參加派對時被放大了，但派對或瑪麗都不是讓你覺得不自在的原因。要釐清你跟他人的關係，或者要追溯童年時代，回想這些感覺從何而來，看來通常很複雜困難，而且這麼做其實沒有什麼意義。就在此時此刻，你有能力找出事物正面或負面的地方，方法就是思索你想要或不想要的東西。不論你現在就開始**轉換思考**和**正向記事**，還是在第一場派對舉行的前幾天開始，也有可能你想等到派對舉辦的那一天再做，過程其實都一樣：把注意力放在讓你覺得快樂的事物上，尋找這些事物。

對於你所思考的事物，你有更高的主控權。通常在狀況發生前就去尋找正面的地方，會比身處問題中要去尋找來得容易。如果你確實把狀況想像成你心中想要的模樣，針對即將發生的狀況提供正面的回應，那麼在參加派對時，你會見證到幾天前你就已經發出的主控權。

你無法同時覺得快樂和難過。你無法同時把注意力放在想要和不想要的東西上。參加派對前，如果你把思維導向你認爲會讓自己快樂的事物或你想要的事物，吸引力法則就會把讓你快樂和你想要的事物帶給你。眞的就這麼簡單。

對於即將到來的派對，如果你想要有不同的感受，你必須開始訴說不一樣的故事。你之前的版本是這樣：「因爲另一半的關係，我才會受邀參加這些派對。我去不去對誰來說都沒差別。我其實不屬於那裡，他們有興趣的事情我也多半不了解。我是個局外人。瑪麗不像我，不覺得自己是局外人。從她的打扮和舉止，任誰都看得出來她很有自信。我總是覺得我不如她有吸引力，也不夠聰明，站在瑪麗旁邊，我樣樣不如她。我討厭這種感覺。我眞希望我不需要參加派對。」

換個新的故事版本吧：「我老公在公司很受人尊重。他們公司偶爾會舉辦聚會，讓員工和彼此的眷屬有機會互相認識。參加的人並不期待我會了解他們的工作環境。事實上，參加派對時，他們可以好好享受，不去想工作的事情。

「生活又不是只有公司的事。既然我不是公司的人，對大多數人來說，我應該可以讓他們鬆口氣，因爲令他們煩惱的事情完全不會造成我的困擾。瑪麗看起來容光煥發，對人也很友善。辦公室的政治或問題顯然不影響她。我忍不住一直看著她，感覺她是個有趣的人。不知道她的衣服在哪兒買的，她穿戴的東西都很漂亮。」

看吧，你不需要利用這場辦公室派對來解決所有不安的感覺。找到正面的事物，把注意力轉移過去，感受隨之而來的好處。同時，瑪麗也不會造成你的困擾，說不定你還能跟她做朋友。選擇在你手中，你發出的思維振動，能夠完全掌控情況。

如何不去感受到他人的痛苦？

我們的朋友傑瑞問說：「每次我感到不安，似乎都是因爲看到其他人的痛苦。要怎麼樣才能用轉換思考的方法，不去感受到別人的痛苦呢？」

我們的解釋：不論你把注意力放在什麼東西上，這個東西都包含你想看到的部分，和你不想看到的部分。你感受到痛苦，並非因爲你眼前的人正覺得痛苦。你覺得痛苦，是因爲你選擇把注意力放在會導致你感受痛苦的地方。你要明白其中的差別。

當然，如果你觀察的對象並不覺得痛苦，而是覺得喜樂，你就更容易感到喜樂，但是你不應該冀望外在情況改變，好改變你的感受。你必須訓練自己專注於正面事物的能力，不管當前的情況如何。要達到這個目標，務必記得，所有的東西都包含你想要的和不想要的，如果你用心，就可以找到讓你覺得更快樂的事物。

觀察眼前的事物確實比用心選擇你想看到的事物更加簡單。然而，如果快樂的感受對你來說很重要，你當然不願隨便地、馬虎地觀察，因爲想要快樂感受的願望會激發你的意願，去尋找正面的事物。此外，愈常尋找令你快樂的事物，並專注於這些事物，吸引力法則就會帶給你更多這類的事物，最後你的注意力會轉向正面的地方，根本不會注意到不符合正面的東西。

我們曾建議一位母親忽略兒子的問題，她回應：「但他不會覺得我放棄他了嗎？我不是應該一直站在他身旁支持他？」

我們解釋，把注意力從問題上移開，絕對不是「放棄」，你眞正要放棄的是讓你覺得不快樂的思維。我們說：「當其他人碰到問題或不斷抱怨時，幫忙出意見不算是幫忙。認定你兒子的生活會持續改善，等於幫助他朝著這個目標前進。你要站在他身旁，把他帶到更令人快樂的地方。」

用心尋找快樂的感受，確實關注自己的感覺，你會發現自己有愈來愈多的思維，是關於愈來愈多美好的事物。然後你也會準備得更好，去面對其他或許覺得快樂、或許覺得糟糕的人。因爲你的願望就是讓自己快樂，所以你早已鋪設好跟其他人互動的體驗，不論這些人的處境有多麼混亂，你還是能把注意力放在正面的地方。但如果你不好好引導自己的振動，也沒有讓自己持續處於令人感受到快樂的思維和振動中，你便很有可能陷入他們的處境，感覺不安且不快樂。

我們想要強調，你並非感受到他們的處境所引發的痛苦，而是感受到你內心思維挑起的自身痛苦。明白了這個道理，你就握有最高的掌控權，以及眞正的自由。當你發現，你能控制自己的思維，也能控制自己的感受，你便能在你的星球上自由快樂地行事。但當你相信你的感受會受到其他人的行爲或處境影響，你也明白你無法控制他人的行爲或處境，你便感受不到自由。那其實才是你口中的「痛苦」。

我的同情心對他人來說毫無價値？

傑瑞告訴我們：「那麼，如果不去注意那些有麻煩的人，我就會覺得快樂。但是，他們並沒有因此而有所改善。也就是說，我沒有解決問題，只是避開了問題。」

我們回覆：如果你不去注意他們的問題，快樂的感覺就不會離開你，儘管問題還是存在。但如果你把注意力放在他們的問題上，你覺得不開心，他們一樣繼續不開心，問題依然存在。倘若你繼續關切他們的問題，不久你也會碰到同樣的問題。然而，如果你不去注意他們的問題，反而去想像解決之道或好的結局，你就會覺得很快樂——然後，你才有可能去影響他們，得到更正面的思維和結果。

簡單來說：當你感受到負面的情緒，你對他人來說就沒有價值（也永遠無法提供解答），因爲內心的負面情緒表示你只注意到匱乏的東西，而不是你想要的事物。

要是某人碰到麻煩，籠罩在強大的負面能量下，也被你發現了，如果你尚未用心和快樂的感受達成一致的頻率，你就會被他們的負面能量擊倒。你可能會跟他們一同體驗到接踵而來的痛苦，也很有可能把你的不快樂傳遞到其他人身上，然後其他人再傳給更多的人。

每晚睡前把頭靠在舒服的枕頭上，對自己說：今晚，當我閉上眼睛睡覺時，所有的吸引力都會停止，表示明天我會有全新的開始。明天我會尋找我想看到的東西，因爲我要感覺快樂，快樂是我的第一要務！用心爲新的一天打好基調，早上起床後，你就走上全新的道路，前一天的負面情緒消失無蹤。然後，當你走到某個地方，看到一個滿心痛苦的人朝著你走過來，你不需要跟他分享痛苦，相反地，你變成了快樂的模範，因爲你內心的感受會散發出去。

現在，只因爲你很快樂，並不表示其他人也會加入你，變成快樂的人。事實上，你的感受和他人的感受出現強烈差異時，雙方很難相處融洽。不過，如果你持續發出積極的振動，其他人馬上會加入你，或者從你的體驗中消失。不快樂的人要能留在你的體驗中，只有一個方法，就是你持續把注意力放在他們身上。

如果你和其他兩個人走在懸崖邊，而你不小心絆倒了，掉下懸崖，手中只抓住一根脆弱的藤蔓，而那兩個人其中之一身體強壯腳步穩健，另一個人則笨拙散漫，你會希望誰來拉你一把？尋找正面的事物，才是立定基礎的不二法門。從內在來看，這就是你的**本來的面目**。持續和能引發快樂感受的思維保持一致的頻率，宇宙強大的資源才能爲你所用。

同情其他人，表示你把注意力放在他們的處境上，直到你能感受他們的感受，因爲所有人都可能因成功實現願望或無法實現願望而感受到喜樂悲傷。你可以選擇要把你的同情心放在什麼樣的地方。我們鼓勵你，同情心要放在其他人身上你能找到最美好的地方；學會這麼做，你才能影響他們，改善他們的處境。

不要跟著受傷

有個男人問：「在結束一段關係時，對方已經受到傷害，自己怎麼可能不跟著受傷？如果你決定不該繼續下去，伴侶卻還沒準備好，因此變得暴怒發狂，在那樣的情況下，要如何保持平衡？」

我們回覆：當你把注意力放在他人對你的行為的感受上，以此作爲自身行爲的引導，那麼你將束手無策，因爲你無法控制別人的看法，所以無法持續地改善自己的振動、吸引力和感受。

如果你決定採取行動，結束一段關係，卻還沒把注意力放在你想要什麼和爲什麼想要這些東西，你所採取的行動只會讓你跟之前一樣感到不快樂。就算關係結束，你變成單身，或跟另一個人在一起，揮之不去的負面振動不會讓你有快樂的新開始。簡單來說，先找到振動的平衡，再跟伴侶分手，絕對會好得多，不然會有很長一段時間你都覺得不快樂。

讓我們好好檢視這個情況，你就會看清楚有什麼選擇：你覺得這段關係讓你不快樂，因此你決定最好跟對方分手。換句話說，你的確相信脫離了這段關係，你更有機會覺得快樂。但當你向伴侶宣布決定時，對方變得更不快樂了。現在因爲伴侶不快樂，你也不快樂。

有一個選擇是留下來，你說：「算了，不要不開心。我改變心意了。不要分手。」但過去發生的事，就是兩人都不快樂，所以你才決定要分手，只是這個決定讓你的伴侶更加不快樂，於是你撤回決定，現在伴侶就不像剛才那麼不快樂，但是你們兩人還是都不快樂。因此，什麼都沒有改變，除了在短暫的片刻內局勢變得更加緊張外，基本上你們兩人依舊很不滿，覺得不快樂。

另一個選擇是就這麼離開。你可以把注意力放在那段關係讓你覺得不好的所有事物上，用這些當作分手的理由。雖然把負面的注意力放在負面的事物上，可以讓你堅信分手才是正確的決定，但你並不覺得比從前快樂多少。雖然你覺得結束關係後，不快樂的感覺似乎舒緩了一些，你仍覺得需要找到理由，證明分手沒錯，但這個需求會讓你繼續保持不快樂的感覺。就算你離開了眞的讓你感到困擾的事物，你仍覺得很困擾。

眞的，做什麼都沒有用，你無法防止別人覺得很糟糕，因爲你的行爲並不是他們不快樂的原因。在伴侶關係或生活中，觀察他人的情緒，然後想辦法用你的行動去彌補，希望對方能因此變得快樂，才是最可怕的陷阱。

要讓自己快樂只有一個方法，就是決定你要快樂。當你把別人的快樂當成自己的責任時，除了根本不可能做到外，還會讓你的人生更不和諧。

現在來試試**轉換思考**和**正向記事**的做法：留在原地，不要改變行動或行爲。也就是說，如果你們兩個住在一起，繼續住在一起。如果你們兩個會一起消磨時間，就繼續一起消磨時間。你只能選擇改變你的思維，不能改變你的行動。**轉換思考**和**正向記事**的目的都是要幫你改變注意力的焦點，訴說不同的人生故事，這個新的故事會讓你覺得更快樂，更充滿力量。

舉例來說：我覺得跟伴侶在一起不快樂，所以想要分手。但我發覺就算我走了，我還是帶著自己；如果我因爲不快樂而離開，我也會帶著那個不快樂的自己離開。我想要分手，是因爲我想要快樂的感受。如果不分開，我也能變得快樂嗎？在這段關係中，有什麼地方屬於正面的，讓我一想到就覺得很快樂呢？

我記得我們剛認識的樣子，還有我那時候的感覺。我記得我深受這個人吸引，很想再進一步，看看我們彼此能有什麼新的發現。我喜歡新發現的感覺。我喜歡一開始在一起的感覺。我想，在一起愈久，我們就愈了解其實我們兩個人不是完美的一對。我不認爲這是誰的問題。不是完美的伴侶並不表示我跟對方出了什麼差錯。只是我們或許可以找到更好的伴侶。

伴侶身上有很多我喜歡的地方，大家也都會讚賞這些優點，諸如：聰明、對很多事情有興趣、愛笑、喜歡玩鬧……我很高興我們有機會在一起，我相信這段在一起的時光對兩人來說都非常珍貴。

所以，對於分手這個問題，我們的答覆如下：你無法藉著改變行爲來控制其他人感受到的痛苦。然而，你可以引導你的思維，讓傷痛消失，讓更好的感覺湧上，這就是控制自身痛苦的方法。當你全心想著你要什麼，你一定會覺得很快樂。把注意力放在缺乏想要的東西上，一定會覺得很糟糕。如果你只注意到某人想要某物卻無法得到，你也會跟那個人一樣不快樂。

在有形的世界中，大家都是行動導向，認爲你必須立刻修正所有的問題。你的伴侶並非突然之間進入這個狀況。你的伴侶不是因爲跟你在一起才會走到這個地步。這條路很長，一路上累積了不少推動力。因此，不要期待兩人在這個時刻的對話會造成多大的差異。你要把自己當成一個播種的人，你播下的種子充滿力量。你種植的方法非常完美，也用自己的話語提供滋養，即使你之後離開了這個世界，種子仍會繼續茁壯成該有的樣子。

不適合你繼續走下去的關係很多，但在結束一段關係時絕對不要懷抱著憤怒、罪惡感或自我防衛。調整你的振動，找到令你快樂的思維，再離開。往後你才不會重蹈覆轍。

我不負責其他人的創造

別人的生活體驗絕對不是你的責任。你看到他們處於匱乏的狀態中，不過你知道情況一定會有所改善。你也可以鼓勵他們在睡眠狀態中轉向更好的方向。想到這些人的時候，想像他們快樂的模樣。不要在心中反覆回味你們之間令人不快的對話或分手的情景。想像他們過得很快樂，就跟你過得很快樂一樣。相信他們內心也有引導，能找到自己的方向。

你想要幫助別人，你相信他們需要你的幫忙，因爲他們沒辦法幫助自己，這是最大的錯誤信念，而這樣的信念對他人來說並沒有好處，因爲在內心深處，他們知道他們自己可以做得到，也想要去做。

你可以對伴侶說：「你很好，非常好。雖然我們之間有很多地方無法像我期待的那麼契合，但我知道一定有一位完美的伴侶正在等著你，我要讓你自由，去追尋那美好的機會。去吧！我不要把你困在這裡，困在我們兩個都不想要的處境中。我希望兩個人都能自由，去尋找我們想要的東西。我並不希望再也看不到你，我的意思是：『這段關係讓我們對彼此有了新的認識，這是來自熱情、積極的願望，並不是因爲我們害怕可能發生的結果而走上這條路。』」

然後繼續對伴侶說：「當我想到你時，我知道，雖然你現在很難過，但是你之後會很快樂。我的選擇是要看到快樂的你，因爲那是我最喜歡的樣子，也是你最喜歡的樣子。」

或許這段話聽起來很冷酷無情，但很有意義。

追尋良好的感覺

不論情況如何，你都具有轉換思考的能力。不管某件事看起來多麼悲觀，你都有能力把注意力轉移到正面的地方。只有一些根深柢固的習慣，或其他人強烈的影響力，才有可能阻礙你。

大多數人天生就有一些習慣，生活模式已經很難改變，所以有時候要找到快樂，最快的方法就是在睡前練習轉換思考，第二天早上起來，你就已經朝著自己想要的方向前進。在睡前思索令你快樂的思維，在睡眠期間體驗平靜心靈帶來的益處，然後在醒來的時候，立刻轉向令你快樂的思維，如此一來就完成了基本的轉換思考過程。花幾天時間遵循這樣的模式，就能大大改變你的思考習慣和所發出的吸引力，你也會發現生活中的所有事物都跟著改善了。

假設的遊戲

我們鼓勵你盡自己的力量，尋找每樣東西正面的地方。但還是有人會問：「要是有人剛失業，而且他有老婆和五個小孩要養，兩天內就要繳房租，卻口袋空空，該怎麼辦？還有，如果蓋世太保正埋伏在一個猶太女人家門口，準備把她帶往毒氣室處決，怎麼辦？這些人要怎麼轉換思考？」

針對這些比較極端的問題，我們的回覆通常是：這就好像你剛從離地六千多公尺高的飛機上跳下來，卻沒有帶降落傘，於是你問：「現在我該怎麼辦呢？」在極端的狀況中，似乎沒有簡單的解決方法，通常你也不太可能碰到這樣的狀況。然而，在極端的狀況下，充滿了戲劇性和傷痛，也會帶來無比的力量，只要你抓對專注點，就可以找到解決方法，讓置身事外的旁觀者看了嘖嘖稱奇。

也就是說，不論是什麼樣的情況，你都能找到正面的解決方法，但你必須非常專注，才能找到這樣的解答。大多數人在極端的情況下，或許無法那麼專心，正因如此，他們才會陷入這種負面的情況。

碰到棘手的狀況時，力量會從內心發出來，靠著強烈的願望，只要你能專注，就能讓自己繼續提升。換句話說，那些飽受病痛折磨的人，其實處於比其他人更有利的位置，因爲他們渴求健康的願望非常強烈。但是，除非他們能夠轉換思考（把注意力轉移到健康的願望上，不去想著病痛），否則難以痊癒。

我們鼓勵大家來玩玩**假設遊戲**，尋找正面的地方。別在周遭的環境中尋找失去力量的例子，不要去看那些無法掌控人生的人，你的故事要讓你覺得自己充滿了力量。不要從可憐受害者的角度來訴說故事，這只會加強你身為受害者的感受，說個不一樣的故事吧。

比方說：**假設**這位女士在蓋世太保敲門前的幾個星期，就知道大屠殺迫在眉睫？**假設**當其他人離開時她也跟著離開了？**假設**她並不怕不可預知的未來？**假設**她不需要留在熟悉的環境中？**假設**兩個星期前她已經決定要跟親人到新的國家展開新生活，所以當蓋世太保來敲門時她並不在？

玩**假設遊戲**時，尋找你想要看到的東西。尋找會讓你覺得更快樂的東西。

不論什麼樣的狀況，一定都有個出口。事實上，可行的選項成千上百，但是，大多數人出於習慣，還是繼續選擇「匱乏」的那一面，直到最後才發現他們到了一個不想要的地方，那裡的選擇似乎沒有那麼多。

當你專注意念，想要享受成功和快樂，你必須先把自己的振動調整成符合那些東西的頻率，那些令你快樂的體驗才會在你的生命中占據更重要的位置。今天，不論我去哪裡，不論我做什麼，我最強烈的意念就是要找到讓我覺得快樂的事物。

下定決心，不要當個袖手旁觀者，要用心積極地貢獻，你會發現，參與地球上的事務會讓你更快樂。當你看到你不希望在你的世界、你的國家、你的社區、你的家庭或你的身體發生的事情，要記得你有力量訴說不一樣的故事，你也知道訴說不同的故事，會給你更強大的力量。當你決定要向前積極參與，你會找回原本就有的豐富知識。

你現在在這裡，就在這裡，你有力量，能以更好的方法表達你的想法。當你用心明確地表達出來，不管你看到什麼，都能見證到專注意念的力量。

下定決心，讓自己感到快樂，並用心尋找每天生活中正面的地方。當你用心找出你想要的事物，專心想著那些事，永恆的滿足和喜悅就會在你眼前開展。

這些做法都很簡單，也不難實踐，但不要因爲簡單，就低估它們的力量。持續應用，你會看到契合的想法具有多大的力量。你會發現創造世界的能量，這股能量隨時能爲你效力（但你直到現在才知道如何運用），你要專心以這股力量從事個人的創造。

「第二部」

吸引財富，彰顯富足

Attracting Money and Manifesting Abundance

吸引財富與彰顯富足

對某些人來說，金錢或許不是絕對必要，但在大多數人心目中，**金錢**就等於**自由**。身而為人，對於自由的權利具有強烈意識，而既然金錢與自由脫不了干係，因此金錢對人類來說是生命體驗的重要一環。難怪你們對金錢有如此強烈的感受！

雖然有些人體驗到充裕金錢帶來的自由感受，但比較常見的狀況是，你獲得的金錢比你需要或想要的來得少，所以你覺得不自由。在這裡，我們要明白解釋，為什麼會有這種財富不均的狀況，了解之後，你才能開始讓你想要得到且應該得到的富足進入你的體驗。當你閱讀這本書的時候，當你開始和根據吸引力法則運作的事實產生共鳴，你的願望與富足將契合一致，很快你和周圍的人都會見證到這種契合的證據。

或許你已經工作多年，或許你是剛步入職場的年輕人，不論你從哪裡開始，達成財務圓滿的旅途不一定要很漫長，也不一定需要付出大量的時間或體力。接下來我們會以簡單明瞭的方法，向你解釋如何利用你能夠掌握的能量。我們要告訴你，你對於金錢的思維、想到這些思維時你的感受，以及流入你生命體驗中的金錢，三者之間絕對相關。當你能夠有意識地做出這樣的連結，並且能夠用心引導你的思維，你就可以利用宇宙的力量，你也會明白時間和體力與財富反而較不相關。

我們要先從宇宙和世界的一個簡單前提說起：**你想什麼，就會得到什麼**。有些人會說：「不對呀，自我有記憶以來就想要賺錢，腦袋裡一直想著錢，但是我的錢還是不夠，過得不夠快樂。」如果你也想要改善財務狀況，一定要好好了解我們給這些人的回覆：金錢這個東西其實具有兩個面向：一、錢，很多錢，以及富裕金錢所能提供的自由和自在感受；二、沒有錢，錢不夠用，想到沒有錢所引發的恐懼和失望感受。

很多人以爲當他們說出「我要更多錢」，就表示他們對金錢有正面的想法。然而，提到金錢（或其他東西）時，如果你感到害怕或不自在，表示你談到的主題並不是金錢，而是沒有足夠的金錢。你一定要能夠辨別這一點，因爲正面的態度會把錢帶給你，但若是想著沒有足夠的金錢，則會讓金錢更遠離你。

如果你能察覺到自己實際上在想什麼，將大有助益，更重要的是你要了解自己對金錢的**感覺**。如果你心裡想的或嘴裡說的是：「噢，那好棒啊，但是我買不起！」你的振動頻率就無法帶來你想要的富足。承認你買不起那樣東西時所浮現的失望感受，表示你的思維傾向匱乏的那一端，而不是你的願望這一端。承認你買不起某樣東西時所感受到的負面情緒，是了解自己思維傾向的一個方法，而你實際上所體驗到的富足，則是另一個辨認的方式。

很多人在生活中不斷感受到「不足」的體驗，只是因爲他們的想法無法超越實際的體驗。也就是說，如果他們覺得錢不夠，也發現錢不夠了，還常常把錢不夠掛在嘴邊，他們就永遠陷在那樣的情況裡。我們提到，在描述財務狀況時，要說出你想要的樣子，而不是當下的處境，唯有如此才會產生改變的力量，但很多人會抗議，因爲他們認爲應該要誠實描述實際的情況才對。

我們要你明白，假如你只看現狀，也只討論現狀，就無法如你所願經歷改變。你或許會看到周遭的人事物不斷改變，但自己的體驗卻沒什麼進步。如果你希望你的生命體驗能夠出現眞實的改變，你必須發出不一樣的振動，這表示你必須轉換不一樣的思維。

由匱乏的感受所發出的行動難以成功

傑瑞：很多年前，我在德州阿爾帕索附近開了一家旅館，那個時候，名列全美富豪排行榜（身價數十億美金）的石油大亨杭特（H. L. Hunt）打電話給我。他買下格蘭德河上的一個渡假村，但經營不善快要倒閉了，他聽別人說，或許我能提供一些有用的資訊，幫他扭轉乾坤。他到我開的小咖啡店來跟我碰面，談話間我一直無法集中精神，因爲我不明白爲什麼一個那麼有錢的人會如此不滿足，還想賺更多錢。我不明白他爲什麼不把渡假村賣掉，賣多少都無所謂，然後靠著積蓄就可以快樂過活。

我有另一個朋友也是億萬富翁。有一次我們到巴西的里約熱內盧，兩人一起走在海邊，他滔滔不絕地談論生意上的問題。那時我嚇了一跳，這麼有錢的人居然也會碰上麻煩。但亞伯拉罕告訴我（他們給了我不少教導），人生中眞正的成功和擁有多少錢或多少財產都沒有關係。

首先，找到你的振動平衡

亞伯拉罕：你所擁有的東西和你所做的行為，都是為了要讓你的存在更圓滿。換句話說，這一切全都跟你的感受有關，而你的感受則來自於能不能和**本來的面目**契合一致。留意內在的契合，那麼你所吸引而來的東西和你表現出來的行為，只會增進你存在的快樂狀態……如果你無法先達成振動平衡，卻想要藉由獲取更多東西或參與更多活動來改善自己的感受，那麼你只會更加失衡。

我們並不是說你應該放棄累積財富或採取行動，因為這一切都是有形體驗必經的過程。你努力探索有形的世界，獲得了非常美好的體驗，好讓自己享受充滿喜樂的成長和擴展，但是，如果你的根基不平衡，卻想要往前走，不安的感覺將如影隨形。如果一開始你就決定自己想要有什麼感覺，或想變成什麼樣子，以此爲核心，累積靈感或採取行動，你就能保持完美的平衡，還能享受你擁有的東西和你所有的行動。

大多數人在追求想要的東西時，都從匱乏的角度出發。他們想要那些東西，多半只是因爲那些東西不屬於他們，就算眞的得到了，也不一定能滿足內心深處的願望，因爲總是有他們沒有的東西。如此便陷入了惡性循環，不斷想要讓新的事物進入自己的體驗，但新的事物仍無法帶來滿足感：**這東西我沒有，所以我想要**。他們心中所想，只是用新的事物來填滿空虛。這麼做違反法則。

從匱乏的角度所發出的行動一定會產生反效果，也一定會造成更加匱乏的感受。他們感覺到的空虛無法用東西填滿或以行動滿足，因爲那種空虛感表示他們的願望和長期的思維習慣出現了振動上的不一致。

發出令自己更快樂的思維、訴說不同的故事、尋找正面的事物、轉換思考、找出自己確實想要的東西，才是填滿空虛的方法。當你的做法對了，在你的體驗中，會出現非常耐人尋味的改變：你想要的東西如潮水般湧入你的體驗。這些你一直想要的東西蜂擁而來，並非爲了填滿你的空虛，因爲空虛已經不存在了——當你不再感到空虛，想要的事物就會接踵而來。

當然，你會吸引更多美好的事物進入你的體驗。我們並非教你要停止想望、放棄你擁有的東西和行動。我們要你找到感覺良好的地方，持續發出願望、累積財富、採取行動。

富貧與喜樂無關

傑瑞：亞伯拉罕，有人說，金錢買不到快樂。然而，貧窮也不會帶給人快樂。很明顯的是，金錢並非通往快樂的途徑。那麼，如果達成某件事的確會帶給我們快樂，是否意味著它對我們來說是一個好的目標？費力達成目標的同時，要怎麼維持快樂的感受？這就有點像是攀登高峰，在攻抵目標後，有個小平台可以讓你喘口氣，但接下來馬上又是一段漫長的上坡路，繼續朝著下一個目標前進。

在爬山的過程中，要怎麼保持愉悅的心情，才能在歷經辛苦掙扎後，有「哇！我做到了」的感覺？然後再度經歷漫長的努力，再度發出「噢！我又做到了」的驚嘆。

亞伯拉罕：你說的對！金錢不是通往快樂的途徑。你也看到了，貧窮無法引領你到達快樂的目標。但別忘了，如果你的所作所為都是為了達到快樂的目標，那麼你其實是朝著反方向而行。你應該做的是，把你的思維和言語集中在能讓你感覺愈來愈好的事物上，一且用心達至快樂的境界，不只能激發出美好的行動，美好的結果也會隨之而來。

多數人的注意力都放在眼前發生的事情上，也就是說，如果結果討你喜歡，你就開心，倘若結果不令人滿意，你就難過。但這麼做，其實是戴著苦難的眼鏡看世界。如果你只能看到現狀，情況就無法改善。你必須找到方法，樂觀地展望未來，才有機會提升你的體驗。

學會用心把思維集中在令你感覺快樂的事物上，你便更容易感到快樂，甚至在你尚未達到目標前，也能一直保持愉快的心情。你所描述的掙扎感受其來有自，因爲你不斷拿現在所處的位置和你想要達成的目標做比較。你不斷盤算著還有多遠的路要走，你把距離、任務、努力給放大了，所以才會感覺像在辛苦爬坡。

專注於自己的感覺，按著思維給你的感覺謹愼選擇，你就能培養出更積極的思考模式。吸引力法則會回應這些讓你感覺更快樂的思維，得到的結果也會讓你更滿足愉快。掙扎、掙扎、再掙扎，絕對不會帶給你快樂的結局。這違反法則。「到了那兒，我就會覺得快樂」，這種想法一點用也沒有，因爲你不快樂，也到不了那兒。你要先變得快樂，才能達成目標。

我是充滿喜樂的創造者

亞伯拉罕：你在這裡，不是爲了累積記憶，也不是爲了回味往事。你是**創造者**。看著終點，看著你和終點之間的距離，匱乏的感受被你放大了。這種思維習慣減緩了你的創造過程，也會讓創造偏離你的本性。你的體驗，由你吸引。看著正面的地方，努力找到讓你感覺快樂的思維，你就能散發出正面的吸引力，你想要的東西也會更快來到。

雕塑家最大的滿足並非來自藝術成品。創造的過程（雕塑創作）才是喜悅的源頭。我們希望你用這樣的方式看待你的創造過程：一個**持續且喜悅的變化過程**。當你把注意力放在讓你覺得快樂的事物上，一直保持愉悅的狀態，想要什麼，就能吸引什麼。

有時候人們會覺得不公平，抱怨爲什麼必須先變得快樂，讓他們更快樂的東西才會來到眼前。他們認爲，當他們不快樂時，「需要」快樂的事物來到，但當他們已經很開心的時候，就不需要令人快樂的事了。不過這牴觸了吸引力法則。你必須找到方法，感受到你所想要的東西的振動，你想要的東西才會來到你面前。換句話說，你要覺得富足，富足才會來到。

很多人說他們想要有錢，我們問他們對金錢的想法如何，他們信誓旦旦說自己的金錢觀非常正面。但當我們進一步探究，問他們支付帳單時有什麼感覺，他們通常就會發現，雖然他們希望在金錢這個主題上聽起來很正面，但事實上他們覺得很焦慮，甚至很怕談到錢。也就是說，他們有關金錢的思維主要是和匱乏有關，而不是富足。

用思維振動吸引更多財富

亞伯拉罕：我們要幫助你快速調整和金錢有關的振動平衡，讓更多金錢流入你的體驗。在你的口袋裡放一百塊，走到哪裡都帶著它。一整天下來，專注看看有多少東西可以用一百元買到：「那個我買得起，我可以把錢花在那裡。」

有人會說，在現在的社會裡，一百塊其實買不到什麼東西，我們解釋說，如果你一天在腦海裡花了一千次一百塊，在思維振動上你就花了十萬元。這種積極正面的注意力會大大改變你對金錢的振動平衡。這種振動上的花錢過程會讓你改變對錢的感覺，感覺改變了，所發出的吸引力也會改變，接著一定會有更多錢流入你的體驗。**這就是吸引力法則**。

有人說：「亞伯拉罕，我連一百塊也沒有，我的口袋裡只有一張借據。」我們說，這是背道而馳，因為你走到哪裡，都會感覺到口袋裡的債務，這完全違反你的願望。你要感覺到富足。就算口袋裡只有二十塊或五十塊，或者是一千塊或一萬塊，好好利用這些錢，去發掘周圍的事物有多美好。一旦你明白了自己的富足，你就會變得愈來愈富足。

需要金錢並無法吸引金錢

傑瑞：亞伯拉罕，有件事情讓我很難過。我幫助很多人獲得更多財富，但我發現，最需要錢的人常是最不成功的人，而最不需要錢的人反而最成功。這不禁讓我在想，需要錢的人是否必須更努力，才有可能成功。

亞伯拉罕：所有處於匱乏狀態的人，不論採取什麼行動，只會吸引更多的匱乏。換句話說，強大的感覺超越了他們的行動。出匱乏的感受所發出的行動必定缺乏成效。不覺得有需要的人就脫離了匱乏，所以他們的行動一定見效。你有什麼感受就吸引到什麼，所有的體驗都一樣。在宇宙間，你找不到任何證據能反駁吸引力法則。

傑瑞：我注意到，一般而言，不怎麼成功或不太喜歡聽到別人成功的人，他們所接受的教導都告訴他們，金錢是罪惡，金錢是不道德的，最好是留在原地不動，就算覺得有所不足也一樣。

亞伯拉罕：很多人進入自稱無欲無求的境界，是因為他們也曾欲望無窮，但他們不了解所有的東西都是一體兩面，他們只注意到自己缺乏想要的東西，沒把注意力放在想要的東西上。因此，他們不斷吸引匱乏的狀態。到了最後，弄得自己精疲力竭。當想要和匱乏被連結在一起，想要的渴望便成爲不愉快的體驗，然後他們會說：「我不要了，每次想要什麼東西，我就感到不安，還是什麼都不要比較好。」

假設「窮人」不覺得自己窮呢？

傑瑞：有人拿自己和你做比較，最後得出的結論是你很窮，但是你並不覺得自己窮，因此你並未處於匱乏的狀態，如此一來，你就能更快邁向富足的境地，對嗎？

亞伯拉罕：完全正確。他人對你的觀感不會影響你產生的吸引力，除非他們的觀感讓你覺得困擾。把你的體驗跟他人的體驗相比，會讓內心的匱乏感加深，因爲你覺得他們比你更成功，內心產生了一種「不如人」的感覺。此外，注意到他人的不幸福，也無法讓你吸引到更多幸福，因爲你想什麼，就會吸引什麼。

你所吸引到的（或被你驅走的）跟其他人做了什麼無關。即使當前的實際情況跟富足差了十萬八千里，只要你能感受到愈來愈富足，富足就會變成你的。與其注意他人做了什麼，不如專注於自己對金錢的感受，如此會帶來更豐富的成果。

想要讓更多金錢流入你的體驗，需要付出的並不如大多數人所以爲的那麼多。你只要能夠達到思維的振動平衡。如果你想要更多錢，卻懷疑自己做不到，就失去了平衡。如果你想要更多錢，卻相信金錢跟負面的東西有關，你就失去了平衡。如果你想要更多錢，卻討厭那些比你有錢的人，你就失去了平衡。當你感受到不對、不安全、嫉妒、不公平、憤怒等等情緒，就是**情緒引導系統**在告訴你，你跟自身的願望無法保持一致。

大多數人未曾努力讓自己的振動頻率和金錢達成一致。他們反而花了多年、甚至一輩子的時間，指出他們眼中的不公平，想要定義金錢的對與錯，還想要制訂法律來規範文明社會中的金錢流動。但想要控制這些外在狀況只是白費力氣，要享有美好的報酬其實很簡單。

最重要的，就是你必須感到快樂，因爲當你感到快樂，你就能和你的願望達成一致。很多人相信，努力奮鬥是成功的要件，也是一種值得尊敬的生活方式。艱難的時刻確實能幫助你決定自己想要什麼，但除非你放下痛苦的感受，否則你想要的不會進入你的體驗。

人們常常覺得應該要證明自己的價值，達到這個目的後，才會得到獎賞。但我們要告訴你，你已經很有價值了，你無法證明自己的價值，也沒有這個必要。你應該要跟獎賞的振動達成一致，你才能得到獎賞。你必須先讓自己的振動符合你想要經歷的體驗。

我們了解，光靠文字無法通達一切，我們對吸引力法則和個人價值的知識，並不表示你讀了我們的文字後就能明白自己的價值。然而，當你思索我們在此提出的想法，實踐我們建議的做法後，我們相信宇宙會回應你改變後的振動，你會看見吸引力法則確實存在的證據。

不需要等很久，也不需要特別費力實踐你在這本書裡讀到的訊息，你就會相信自己的價值，也相信你有能力創造出你想要的東西。很多人不相信自己的價值，主要原因在於他們找不到方法得到自己想要的東西，所以便做出錯誤的假設，認爲自己得不到他人的認可，所以也得不到獎賞。這麼想就大錯特錯了。你的體驗，由你創造。

你應該這樣說：我要盡力變成最好的模樣。我的行爲和生活方式都要符合我心目中最好的美善。在這個有形的身體中，我想要與我心目中最好的生活方式契合一致。如果你能做出這種陳述，並且在你感受到眞正的快樂以後再採取行動，那麼在人生的道路上，就能與令你覺得快樂的事物和諧一致。

如何訴說「富足」的故事？

亞伯拉罕：很多人因著匱乏的想法，讓自己得不到內心渴望的富足。當你相信財富有限，無法分給所有人，看到某些人比其他人更加富有，你就覺得不公平，認爲是因爲他們享有富足，才剝奪了其他人變成富人的權利，這麼想你將離富足愈來愈遠。其他人的成功，並不是你缺乏成就的原因，你之所以無法成功，是因爲你負面的比較，把注意力放在無法達成的願望上。當你指責他人不公義、浪費財富或自私，或者你相信沒有足夠的財富可以分配給所有人，負面情緒將跟著浮現，讓你自己陷入無法改善的境地。

他人擁有什麼或做些什麼跟你完全沒有關係。用思維發揮無形的能量，才是影響你如何體驗的唯一因素。你體驗到富足或匱乏，跟其他人擁有什麼或做了什麼無關。它只跟你的想法有關，只跟你發出的思維有關。如果你希望財富增加，就要開始訴說不同的故事。

很多人會批評生活富裕的人，因爲他們擁有許多土地、金錢和財富，但批評就表示一個人的思維傾向匱乏的那一端。他們想要變得更快樂，他們相信如果可以讓自己無法達到的事情變成是「錯」的，他們就會覺得更快樂。但是他們始終與快樂無緣，因爲他們只想著匱乏，眼中也只有匱乏。假如他們心中沒有想要變得成功富足的想法，當他們看到別人的成就時就不會覺得不自在。而他們心中隨時浮現的負面想法，只會讓他們的振動離願望愈來愈遠。

換句話說，如果某個人打電話給你，說：「喂，你不認識我，但是我打這通電話是要告訴你，我再也不會打來了。」那麼就算那個人再也不打電話來了，你也不會有不好的感受，因爲他的存在與否跟你的願望無關。但如果打電話來的人對你來說很重要，你會感受到強烈的負面情緒，因爲你的願望和信念變得不一致。

感受到負面情緒時，表示來自個人體驗所產生的願望，和你目前的想法有所牴觸。振動不一致是負面情緒的原因。透過負面情緒的引導，會幫助你重新改變思維，和你本來的面目及現在的願望達成一致的振動頻率。

假如窮人批評富人呢？

傑瑞：在我還小的時候，生活周遭都是不怎麼富裕的人，而且我們向來喜歡取笑有錢人，比方說開豪華轎車的人。因此，等我長大後，很想買一輛凱迪拉克，卻又覺得不好意思，因爲我怕其他人會取笑我，就跟我取笑別人一樣。所以我買了一輛國產車。

最後我還是買了凱迪拉克，我對自己說：好吧，買了這輛車，所有負責生產這輛車的人都能因此獲利。我爲所有提供零件和材料的人創造了工作機會，比方說皮件、金屬和玻璃，還有技工等等……找到了正當理由後，我才去買車。用這種方式，我找到了跨越思維的方法，幫助我接納那些成功的象徵進入我的體驗。

亞伯拉罕：你跨越思維的做法很有效。想要感到快樂，並且逐漸找到讓你覺得愈來愈快樂的思維，你就讓自己與願望契合一致，也釋放了妨礙你進步的阻力。把注意力放在他人反對的意見上，永遠無法成功，因爲你內心一定會因此出現不協調，妨礙你繼續進步。總是會有與你意見相左的人，把注意力放在這些人身上，只會讓你的振動頻率脫離自身的願望。傾聽你的引導系統，把注意力放在自己的感覺上，才能了解你的願望和行動是否相符。

每件事都有正反兩面，不論你看哪一面，總會有人跟你的意見相反。這也是爲什麼我們希望你要了解，你一生最重要的任務，就是跟你**本來的面目**達到契合。如果你相信自己，如果你相信透過一生的體驗，你已經充滿智慧，你可以信任個人感受所提供的引導，明白自己想要做的事情是否恰當，那你就能把引導系統的作用發揮得淋漓盡致。

假如金錢失去價值呢？

傑瑞：亞伯拉罕，以前流通的錢多半是硬幣，用有價值的貴金屬製成。比方說二十美元的金幣，一個硬幣本身的金子就價值二十美元，面值一美元的銀幣則價值一美元。因此，要知道硬幣的價值很簡單。但現在我們用的錢本身沒有實際的價值，紙鈔和硬幣基本上一文不值。

我一直覺得用貨幣購買商品和服務非常方便，不需要用雞去換牛奶或換一籃馬鈴薯。但現在，金錢因人爲因素不斷貶值，要明白一塊錢具有什麼價值愈來愈難。另一方面，這也讓我想起尋找自身價值的過程：「我的才華值多少？對我付出的時間和精力，我應該要求多少報酬？」但現在我從你們那裡學習到了，那不是評估自身價值的方法。我們只要考慮自己想要什麼，並讓這些東西進入我們的體驗。

我發現很多人對自己的財務展望都很不樂觀，因爲他們覺得自己無法控制金錢的價值，貨幣價值通常操控在一小群人手中。很多人擔心通貨膨脹愈來愈嚴重，或出現另一波經濟蕭條。我希望大家能了解你們所教導的吸引力法則，才不會擔心自己無法控制的事情，例如貨幣的價值。

亞伯拉罕：關於金錢這個主題，你說中了一件非常重要的事。你說的沒錯，很多人認爲現在的錢比以前的錢小。但這也是一種匱乏的態度，如果你不能放棄這種態度，就無法吸引屬於你的富足。

我們希望你能了解，一塊錢和它被賦予的價值對你的體驗來說，並不如你以爲的那麼重要。如果你可以把注意力放在想要的東西上，存在而後擁有，擁有而後行動，那麼所有的金錢，或其他能把你想要的東西帶來的方法，就更容易進入你的體驗。

我們一直重複同樣的說法：從匱乏的角度出發，無法吸引富足。因此，只要調整你的思維，契合內心深處能讓你覺得快樂的想法，這樣就夠了。

你所有的思維都會發出振動，藉由思維的振動，你才能發出吸引力。當你想到匱乏，匱乏的思維不斷振動，與內在存在完全無法相容，所以內在存在便無法與你產生共鳴，結果你心中就會浮現負面的情緒。想到跟快樂、富足或圓滿有關的思維時，這些思維一定會跟內在存在相契合。如此一來，你就會充滿正面的情緒。

你必須信任你的感受能夠指出你正處於正面或負面的情緒。或許是金錢，或許是缺乏金錢，也許是健康，也許是缺乏健康，有可能是伴侶關係，也有可能是缺乏伴侶——只要你覺得快樂，你就能吸引你想要的東西。

如何扭轉下滑的趨勢？

傑瑞：看到別人面臨財務問題時，我總是為他們擔憂。看著他們每況愈下，直到最後全盤崩潰，宣布破產。但不久之後，他們又買了新的遊艇、新的豪華轎車和漂亮的房子。也就是說，我看到的人似乎都不會久居人下。但為什麼他們無法在情況變糟以前就停損，更早往上爬升呢？為什麼一定要落到谷底，才能重新站起來？

亞伯拉罕：之所以會每況愈下，是因為他們只專注於匱乏。他們害怕失去，或看著自己失去的東西，所以他們只注意到自己缺乏想要的東西。由匱乏的角度發出吸引力，他們失去的東西只會愈來愈多。他們小心謹慎，充滿防備，或開始找理由或藉口責怪別人。他們站在匱乏的這一端，所以體驗到愈來愈強烈的匱乏。

而一旦落到谷底，就再也不需步步為營，反正他們已經一無所有了，注意力焦點就會改變，振動跟著改變，產生的吸引力也會改變。當他們相信自己已經落到谷底，就會抬頭仰望。你可以說，他們不得不開始訴說不同的故事。

人生體驗讓你想要得到許許多多非常美好的事物，這些東西原本都會進入你的體驗，但是你的擔憂、懷疑、恐懼、憎恨、指責、嫉妒等等負面情緒，讓這些美好的事物無法繼續前進。美好的事物已經受到吸引來到門外，大門卻緊緊關著。開始訴說不同的故事。你能用一百元買到哪些東西呢？放鬆心情，把注意力轉移到生活中正面的地方，更用心選擇令你感覺更快樂的振動，大門就會敞開，你想要的東西、體驗和人際關係也會不斷出現。

反戰本身就是一場戰爭

亞伯拉罕：你就是自己人生體驗的創造者，引導你的思維，學習用心思考。多數人都需要經過調整才能眞的做到改變思維，因爲很多人長久以來都相信，要透過行動才能看到成果。除了這個錯誤的想法，你還相信，如果努力避免不想要的東西，這些事物就會遠離你。因此你們有「對抗貧窮」、「反毒」、「抗愛滋」和「反恐戰爭」等等行動。

雖然你相信推開這些你不想要的東西，它們就會遠離你的體驗，但這不符合宇宙法則，也經不起考驗，因爲這些你們不喜歡的東西不斷增加。注意到匱乏的事物，只會讓匱乏加劇，讓你更加匱乏。把注意力放在你想要的東西上，想要的東西就會變多，也會離你更近。

返回自然的圓滿狀態，對自己說：「我想要富足，我相信宇宙法則，我已經找出我想要什麼，現在我要放鬆自己，讓這些東西進入我的體驗。」你想要的東西就會源源不絕地進入你的體驗。如果你的財務狀況讓你有苦苦掙扎的感覺，那麼你就把財務圓滿推得愈來愈遠。但是，當你審視財務狀況，感到悠然自在，你就可以讓富足流入你的體驗。就這麼簡單。

因此，當你看到其他人吸引金錢的能力卓越，內心卻出現了負面的情緒，表示你當前的思維並不允許你想要的富足進入你的體驗：發現自己很愛批評別人賺錢或花錢的方法時，你就是在逼迫金錢遠離你。當你明白其他人花錢的方法跟你毫無關係，你最主要的工作，就是以讓自己覺得快樂的方式去思考、說話和行動，那麼，在金錢這個主題上，你就已經達成了和諧一致，也能契合有形體驗中所有重要事物。

沒有才華的人也能成功嗎?

傑瑞：才華、技術或能力，跟我們的富足或金錢有關嗎?

亞伯拉罕：幾乎沒有關係。才華、技術或能力都屬於行動，你所吸引到的事物只有很小一部分是由你的行動負責。你的**思維**和**話語**（你口中說出來的思維）才是主導生活進展的關鍵。

傑瑞：所以你們認為，沒有好技術或才華，還是可以得到想要的財富嗎？

亞伯拉罕：一點也沒錯。除非你拿自己和別人比較，認為自己沒有好技術或才華，自覺低人一等，以負面的期望帶來挫折的人生體驗。

你一生中所能培養出最有價值的技能，就是把你的思維引導到你想要的方向，迅速熟練地評估所有的狀況，快速做出決定，知道你想要什麼，然後專注地想著這些東西。引導自身的思維，是無與倫比的技能，帶來的成果是行動無法比擬的。

沒有付出也能有收穫嗎？

傑瑞：大家都相信，要付出一塊錢的努力，才能拿回價值一塊錢的東西。要怎麼放下這種想法呢？

亞伯拉罕：你們對萬物的知識是來自人生體驗，而人生體驗來自你心中的思維。就算你想要某個東西想了很久，如果你的思維只想著你沒有這個東西，這個東西就永遠不會變成你的。因此，你根據個人體驗做出結論，認為自己不可能擁有這樣東西，或者要掙扎很久才能實現。也就是說，你的結論永遠是，你的生活很困苦，周遭的環境也很艱難。

那艱難的環境是你創造出來的。我們想要幫助你了解癥結到底在哪裡。我們要幫你從不同的角度起步，了解構成萬事萬物基礎的法則。對宇宙法則有了全新的認識，願意訴說不同的故事，你就會得到不同的結果，這些不同的結果接下來就會帶給你不同的信念和知識。

要評估你有多成功，除了你自己之外，沒有誰可以做到。其他人都無法了解你是誰，以及你想要什麼，也沒有人可以決定你應該去哪裡。只有你能做到。

人人都想要贏得大獎

傑瑞：很多人希望能獲得一筆意外之財，幫他們脫離債務，再也不用爲五斗米折腰。我常聽到人們說，他們想要贏樂透，賺大錢。

亞伯拉罕：如果他們已經到達**隨順**的境地，那麼或許贏樂透是他們富裕的方法。但大多數人知道中樂透的機率很低，所以他們對中獎的期望其實也沒有那麼強。

傑瑞：那麼，希望贏得大獎和期待贏得大獎有何不同？

亞伯拉罕：**希望**比**懷疑**更有成效，同樣地，**期待**比**希望**更有成效。

傑瑞：為什麼有人會期待得到人生體驗中尚未出現的東西？要如何期待你尚未體驗過的東西？

亞伯拉罕：要吸引金錢，你不需要先變得有錢，但是感覺自己很窮，絕對吸引不到金錢。關鍵在於，在情況開始出現變化前，你必須先找到方法來改善當下的感受。不要只注意到出了問題的事物，你要開始朝著你想要的方向來訴說故事，不要只想著你還缺乏什麼。如此一來，你的振動就會改變，產生的吸引力也會跟著改變，你就會看到不一樣的成果。不久之後，由於得到了不同的結果，你對富足就建立了信念，你也會變得愈來愈富足。有人說：「富者愈富，窮者愈窮。」道理就在這裡。

尋找讓你覺得快樂的原因。找出你要什麼，把你的思維導向讓你覺得快樂的境地。

富足生活不是「魔法」

亞伯拉罕：我們說過，從我們的眼光來看，你們的宇宙原本就非常豐富，每個人都有機會享受富足。我們知道，光靠閱讀文字，無法把我們的知識變成你的知識。如果我們硬要你相信我們的話，或者要你「試著」去了解，你很難真的吸收我們的領悟，讓它變成你自己的。只有親身體驗才能把知識帶給你。

透過親身體驗帶來的信念非常堅定，我們明白你無法立刻拋棄這些信念，以其他的信念來取代。但我們知道你還能培養出更多好的信念。從今天開始，你可以做一件事，這件事對你未來的生活會有深刻的改變，而且你不需要立刻拋棄你原有的信念：開始訴說更積極正面、讓你感覺更快樂的人生故事，用同樣的方法描述對你來說很重要的東西。

不要用寫實紀錄片的方式來描述你的故事，而是要訴說生活中令人振奮、充滿想像力和魔力的奇妙故事，然後看看會有什麼事發生。感覺就像魔法一般，你會開始見證自己的生命出現變化，但這並不是魔法。這就是宇宙法則的力量，以及你用心去契合法則的成果。

用自由換取金錢好嗎？

傑瑞：我知道這本書的書名是《財富的吸引力法則》，但其實它要討論的是，如何在生活的各個層面都能吸引到豐盛和富足。從我小時候開始，美國政府就努力地打擊犯罪。但這些年來，犯罪率卻節節升高。我最近看到報導，在「自由」世界中，美國的罪犯人口比例超過所有其他國家。

我們也努力打擊疾病，但醫院愈蓋愈多，生病的人也愈來愈多，就比例而言，美國受病痛折磨的人口也是世界上數一數二的。

我們也想消弭戰爭，尋求世界和平，感覺不久以前我們還在歡慶，「柏林圍牆倒了，世界終於和平，不是太美妙了嗎？」但轉眼一看，我們又參與了一連串的戰爭，這個國家周圍的圍牆愈築愈多。

我也聽到很多人憂心虐待孩童和暴力的問題，但是，打擊虐待孩童的口號聲愈響，我就聽到更多虐待孩童的案例。

我們想要努力對抗某件事物時，做什麼反而都沒有用。這個國家唯一朝著正面方向前進的領域，似乎就是**富足**。我們有很多食物和很多錢，也能把多餘的東西分送到世界各地。和我小時候比起來，現在有更多人享受著更豐厚的物質生活。看來還是有一些積極正面的改變。

但是，很多人在追求富足的同時，爲了交換金錢，失去了不少個人自由。而有些人似乎很自由，卻因爲錢太少而不能好好享樂。那些有錢的人反而沒什麼時間享受金錢帶來的樂趣。我很少看到擁有豐足金錢的人也有時間享受金錢能帶給人的樂趣。亞伯拉罕，請你們用你們的觀點來評論我的看法好嗎？

亞伯拉罕：不論你看到的問題是沒有錢，還是沒有時間，你看到的都是缺乏的那一面，因此便讓你自己繼續抗拒你眞正想要的東西。負面情緒或許來自感覺自己沒有時間，或許來自沒有錢，總之如果你感受到負面的情緒，處在抗拒的狀態，你想要的東西也會因此遠離你。

感覺到自己沒有時間去做所有你需要或想要做的事情時，所帶來的負面衝擊遠超過你察覺到的：感到不知所措是個指標，表示你拒絕讓自己接近有益的想法、情況和所有可能，如果你不讓這些事物進入你的體驗，就無法從中獲益。感到沒有時間，你就會去注意自己排得太滿的行程表，並因此感到不知所措，陷入惡性循環，如此一來，你發出的振動就不可能帶來改善。

你必須開始訴說不同的故事，倘若你不放棄抗拒，就只能繼續抱怨你爲什麼這麼忙碌。願意與你協力的宇宙就在眼前，早就準備好提供協助，而且它所能提供的能量，遠超過你的想像。

當你只看著牴觸願望的事物，你就無法得到你想要的東西。感覺到自己沒有足夠的金錢，把注意力放在匱乏上，等於關閉了所有讓你變得更富足的渠道。你必須開始訴說不同的故事。你必須找到方法創造富足的感受，然後富足才會到來。

當你開始感覺到在時間和金錢上的自由程度都提升後，大門就會敞開，會有人來幫助你，你也會發出令人耳目一新、更有成效的想法，周圍協力的環境和事件一一彰顯出來。改變你的感受，你就能接觸到創造世界的能量，這般能量早就準備好爲你效力。

對疾病的負面感受

傑瑞：對金錢有負面的感覺，因此得不到金錢，但是很多人說：「我不想得癌症！」反而得了癌症。兩者之間有什麼差別？

亞伯拉罕：讓我們來說明其中的道理。你想什麼就吸引什麼，因此當你想到缺乏健康時，你就缺乏健康。你想到缺乏金錢時，你就缺乏金錢。發出思維振動時，你可以靠著自己的感受來分辨，你會吸引正面或負面的事物。

宇宙聽不見**不**。當你說：不，我不要疾病。你對疾病這個主題的注意力其實在大喊：來吧，我不想要的這個東西，來我這裡。

任何得到你關注的事物，都獲得你的振動邀請。當你說，我要錢，可是錢不來，你對匱乏的注意力就等於在說：我不想要沒有錢，來吧，沒有錢的狀態。

當你以能夠實現的方式來思考金錢時，你一定會覺得很快樂。當你以會把金錢拒斥在外的方式在思考金錢時，你一定會覺得不快樂。由此你可以知道其中的差別。

你會問：「想著缺乏健康，會得到癌症，那麼想著錢，就能得到錢？」你的確想要得到金錢，就像你的確想要健康。你不想要得到癌症，就像你眞的不想要沒有錢。不論你想什麼，或嘴巴說什麼，只要確定這些思維和話語都是發自正面的情緒，你就會開始吸引你想要的東西。負面情緒顯現時，你就會吸引到你不想要的。

他不必爲錢苦苦掙扎

【以下例子來自聽眾在亞伯拉罕工作坊中提問的問題】

提問者：我有一個朋友，在經濟上資助她丈夫十年的時間。她非常努力工作，照料丈夫的一切，有時候差點入不敷出。最後她無法繼續忍耐下去，她丈夫又不願意幫忙賺錢，兩人就分開了。對她丈夫來說，金錢似乎不怎麼重要。但後來他繼承了數百萬美元的財產，卻不願意和資助他多年的前妻（我的朋友）分享。

這件事感覺很不公平，她很在意金錢，工作也很努力，卻只得到一點點回報。而她前夫幾乎沒工作過，也不在意金錢，現在卻繼承了一大筆遺產。爲什麼會這樣？

亞伯拉罕：我們了解吸引力法則，所以這個故事在我們聽來並沒有不合理的地方。你的朋友工作很辛苦、心懷怨恨、注意力都放在匱乏之上，宇宙的回報便完全契合她的感受。她的前夫覺得很自在、拒絕罪惡感、期待不勞而獲，宇宙的回報便完全契合他的感受。

很多人相信一定要努力工作、付出代價、感到痛苦，才能得到報酬，但這不符合宇宙法則：旅途不快樂，就難以期待有個快樂的結局。因為這牴觸法則。

沒有任何證據能反駁吸引力法則。這個例子對你而言是個啓發，認識這兩個人，看到他們的態度，觀察他們的結果：一個努力掙扎、辛勤工作、按著社會教育行事，卻得不到自己想要的……另一個拒絕掙扎、堅持無所事事，卻能接收足夠的資源，繼續游手好閒。

很多人說：「好吧，或許這符合宇宙法則，但是這沒有道理啊。」可是我們要你知道，當你能夠和強大的法則契合，你就明白這絕對有道理。

既然你能控制自己發出的振動，那麼宇宙就是按著你發出的振動給予回報。強大的吸引力法則按著每個人發出的振動，公平回應。一旦你能夠控制自己的思維，不公平的感受就會平息，取而代之的是對生命豐富的熱情，創造出你天生就該擁有的東西。宇宙間所有的事物都可以當作例證，證明吸引力法則運作的方法。

如果你相信要努力工作，才能得到應得的回報，那麼，除非你努力工作，否則就得不到報酬。但是透過行動而來的金錢和透過思維契合得到的金錢相比，實在少之又少。有些人費心費力，卻得不到什麼報酬，有些人幾乎沒什麼行動，卻得到豐富的報酬，你當然會注意到其中的強烈差距。我們要你了解，當你比較這兩種人的行動時，你會看到差距，但當你以他們和宇宙能量的契合作爲比較基準時，就看不到差距或不公平的現象。

> 財務成功或其他形式的成功，不需要努力工作或採取行動，思維契合才是不可或缺的。對你想要的東西發出負面的思維，然後想靠著行動或努力來彌補，不可能達到功效。學會引導自己的思維，你就會明白該如何利用契合的能量。

財富對你來說其實垂手可得，只是你把自己拉遠了，因爲在想到財富時，你立刻想到萬一得不到財富，你會有多懊惱。因此，你的思維轉向匱乏的那一端，你不讓自己想要或期待得到財富。這就是爲什麼大多數人只能過著平庸的生活。

你會說，金錢不代表一切。沒錯。不需要金錢，也能擁有愉悅的體驗。但在人類社會中，生活或多或少都跟金錢有關，大多數人把金錢當作自由的同義詞。既然自由是存在的基本宗旨，和金錢保持契合，能幫助你建立平衡的立足點，對人生的其他體驗也很有價值。

花錢讓你覺得自在嗎？

【從此段開始到第二部結束都是亞伯拉罕的教導】

有一位女士說，她每次花錢時總覺得很不自在，這也讓我們看到一種很普遍的金錢觀。這位女士多年來存了不少錢，但每次想到要花錢，她就猶豫不決，「害怕繼續向前走」。

我們解釋說，當你相信透過行動才能得到金錢，你也相信你無法永遠持續同樣的行動，於是你會想要把錢抓緊，慢慢花，好讓存款能持久一些。我們能明白爲什麼會有這樣的恐懼。然而，擔心匱乏會減慢金錢進入你體驗的速度。

如果花錢的想法讓你覺得不自在，我們當然不會鼓勵你在感到不自在的時候去花錢，因爲在負面情緒出現時，所採取的行動絕對不值得鼓勵。可是，你的不自在並非出自花錢的行動，而是指出你那個時刻和金錢有關的思維所發出的振動頻率，並不符合你自己的願望。出自匱乏的信念，永遠無法契合更大的視野，因爲在更大的視野中沒有匱乏。注意到你缺乏想要的東西，一定會引起負面的情緒，因爲引導系統指出，你的思維已經與富足和圓滿背道而馳。

找到方法緩和你的不自在，將情緒轉化爲希望的感受，接下來則是正面的期待。讓自己感到更快樂，奠定穩固的基礎後，猶豫不決的感受會被自信和熱情取代。或許你注意到金錢匱乏，或許你看到自己生命有限（因此每過一天，就更靠近人生終點一些），但從更大的視野來看，你知道自己的存在永垂不朽，所以衰退的感覺牴觸了你的認知。

你知道你不需要用力把足夠的空氣吸入肺裡，好讓自己活過這一天、這個星期或這一年，你只要輕鬆呼吸，就能擁有足夠的空氣。同理可證，一旦你達成永恆富足的期望，金錢也會以同樣輕鬆的方式流入你的體驗。

所有你想要的金錢，都等著你去接收。你只要做一件事：**接納**金錢進入你的體驗。當金錢流入時，你可以讓金錢流出去，就跟你呼吸的空氣一樣，總有更多的會流進來。你不需要守衛你的金錢（也不需要屏住呼吸不讓氣流出去），因爲總有更多的會流進來。更多的錢就要來了。

有時候你們會說，你們之所以提到匱乏或貧困，只是指出自己曾經體驗到、見證到或聽到的「事實」。我們了解，很多人得不到自己想要的東西，例子不勝枚舉。但我們要你明白，這些匱乏的體驗並不是因爲得不到富足，而是因爲富足被拒於門外。

繼續訴說匱乏的故事，只會繼續牴觸你想要富足的願望，你只能二選一：你不能把注意力放在**不想要**的東西上，卻想得到**想要**的東西。你不能只把注意力放在讓你覺得不自在的金錢故事上，還想要讓你覺得自在的事物流入你的體驗中。你必須開始訴說不同的故事，才會有不同的結果。

我們會這麼說：我要感到快樂，我要感到充滿活力，能夠擴展。我的思維奠定好的基礎，讓我吸引到所有我覺得美好的事物，包括能讓我覺得安適喜悅的金錢，還有周圍也會有健康快樂的人，給我積極的鼓勵、振奮精神和提升活力……

按著願望來訴說故事，加入和這些願望相符的正面描述。以「要是……不是很棒嗎？」等等描述方式，用快樂的想法來強化你正面的期待。

你可以說：只有好事會發生在我身上。雖然我不知道所有的答案，雖然我不知道所有的步驟，我也不知道哪些門會爲我而開，但我知道當我在時空中移動時，就會看得到路徑。我知道繼續走下去，就能找到答案。每次訴說能讓你更快樂的故事時，你就會覺得更快樂，生活中的大小細節也跟著改善。好還會更好。

如何改變你所發出的吸引力？

有時候你們會擔心，長久以來訴說的故事都跟自己不想要的東西有關，在剩餘的生命中，已經沒有足夠的時間來彌補多年來只注意到金錢匱乏的結果。不過這沒有什麼好擔心的。

沒錯，你無法回頭，無法解除之前的負面思維，但就算可以，也不需要從頭再來，因爲你已經擁有所有的力量。在當下找到令你更快樂的思維時，你所產生的吸引力就改變了——就在這個時刻！多年來累積的負面思維之所以會對你現在的生活造成影響，只有一個原因，那就是你還在延續多年來的負面思維或信念。信念只是你反覆回味的思維。信念只是長期的思維模式，你只要花一點力氣，就可以開始新的模式，訴說新的故事，改變你的振動，改變你所發出的吸引力。

隨身帶著一百元，注意一整天下來你能買到多少東西。這個做法很簡單，卻能大幅改變你吸引金錢的關鍵。如此簡單的做法，就足以撼動振動平衡，讓你看見吸引金錢的實際結果。在心裡想像你花了多少錢，想像比現在更好的生活方式。想像有一大筆錢能隨心所欲地運用會是什麼樣的感覺，用心召喚自由的感受。

你看，吸引力法則會回應你的振動，而不是你當前的現實生活。但如果你接下來的振動也只跟實際情況有關，就不會出現任何改變。你可以想像你想要的生活模式，把你的注意力放在這些影像上，一直到你感覺到慰藉，表示你的振動眞的出現了改變。要改變你所發出的吸引力，就這麼簡單。

我的標準，由我訂定

有時候發現自己錢不夠用時，你會覺得眼前看到的東西你都想要。心中湧現無法控制的渴望，沒有錢可以花讓你覺得很痛苦，或者你投降了，花了你根本沒有的錢，增加自己的債務，讓你更加苦惱。在這種情況下，想花錢的渴望其實是個假象，並非來自眞正想要擁有這些東西的願望。多買一樣東西帶回家，並無法滿足你的渴望，因爲你眞正感覺到的是空虛。唯有跟自己**本來的面目**達成一致，才能塡滿這種空虛感。

現在，你覺得沒有安全感，而你**本來的面目**卻絕對具有安全感。你覺得什麼都做不好，而你**本來的面目**卻什麼都能做好。你覺得匱乏，而你**本來的面目**卻十分富足。你渴望的是振動改變，而不是渴望有能力購買某樣東西。等你能夠達成契合，並一直保持契合的狀態，財富就會流入你的體驗（如果那是你想要的東西）。有可能你還是會花一大筆錢買你想要的東西，但這時候買東西的感覺就不一樣了。你不會以買東西來滿足匱乏或內心的空虛，反而會覺得買東西帶給你一種滿足的感受，從想法成形到體驗的完整實現，整個過程都會帶給你滿足和喜悅的感受。

不要讓別人來設定標準，規定你該有多少錢，或者規定你該怎麼花錢，你才是唯一能夠設定標準的人。當你和本來的面目達成一致，那麼你根據體驗而知道自己想要的東西，便能順利進入你的體驗中。

爲了安心而存錢對嗎？

一位男士告訴我們，有位導師告訴他：「存錢才有保障」就等於「好好規畫以預防災難發生」，但事實上想要得到安全感只會讓你覺得更不安全，因爲你採取的行動會吸引你不想要的災難。他想知道這位導師的說法是否符合我們關於吸引力法則的教導。

我們告訴他，那位導師說的沒錯，當你把注意力放在某件事物上，會讓它的振幅更靠近你。因此，如果你把注意力放在未來可能發生的壞事上，思索這些不想要的事情時，會讓你感到非常不自在，這便是個指引，表示你正在吸引壞事到來。然而，你絕對有可能短暫想到未來可能會發生你不想要的事情，例如當你想到財務狀況時，不安全感便油然而生，但這樣的不安全感會讓你想到你眞正想要的是什麼樣的財務狀況。當你把注意力放在你想要的安全感上，你或許會受到刺激，採取行動以便增強你的安全感。

存錢或投資等行爲本身沒有所謂的正面或負面可言，但那位導師有個地方說對了，你不能從不安全的起點進入安全的境地。我們鼓勵你用心智的力量把注意力放在能讓你感覺良好的安全感上，然後從那個讓你覺得快樂的基礎開始，採取正面的行動。讓你覺得快樂的事情就跟你想要的事物完全契合。讓你覺得不快樂的事情跟你想要的事物互相牴觸。道理就是這麼簡單。

有人說你不應該愛錢，因爲對金錢的渴望屬於物質層面，而非心靈層次。但我們要你記得，你來到這個有形的世界上，心靈已經進入有形的身體。你進入身體，來到這個有形的星球上，心靈和物質已經混在一塊兒。你無法脫離心靈的層面，在你進入有形身體後，你也無法脫離物質的層面。身邊所有物質層面的美好事物，本質上也屬於心靈層次。

訴說關於富足、金錢和財務圓滿的新故事

吸引力法則不會回應你眼前的現實，而是回應你發出來的思維振動。所以當你開始訴說你的故事跟你的金錢觀時，從你想要的觀點出發，而不是你目前正在經歷的情況，如此一來，你的思維模式就會改變，所發出的吸引力也會變得不一樣。

現狀跟即將發生的事情沒有關係，除非你一直反覆思索現狀。多想多說你眞正想要的生活型態，可以讓當前的生活變成跳板，助你通往你想要的人生。但如果你只談論現狀，

你只會跳進一個和現在差不了多少的地方。

看看下面的問題，按著本能回答。閱讀一些範例，想想看你要怎麼訴說新版本的金錢故事。接著，說出你想要的故事，你會發現周圍的環境和事物都出現變化，讓你的新版故事變成眞實：

- 你現在擁有的財富和你想要的財富相符嗎？
- 宇宙是否富足？
- 你是否能夠選擇擁有更多的錢？
- 你這輩子能獲得的金錢是否在出生前早已注定？
- 你現在是否能透過思維的力量，讓更多錢流入自己的體驗？
- 你是否有能力改變自己的財務狀況？
- 你能不能控制你的財務情況？
- 你想不想要更多錢？
- 按著你現在的了解，你認爲你一定能享受富足嗎？

關於金錢的「舊版」故事

我想要好多東西，可是我買不起。我現在賺的錢比以前多，但是手頭還是一樣緊。感覺我沒辦法再進一步了。

這輩子我好像都在擔心錢。我記得我父母很努力工作，但媽媽一直擔心錢不夠用，我猜我遺傳了這個特質。可是我並不想要陷入同樣的處境。我知道世界上有些真的很富有的人，從來不必擔心錢的問題，但是他們不在我的生活圈裡。我認識的人都要苦苦掙扎，擔心接下來不知道會發生什麼事。

你看，這個故事開始時，陳述者只注意到不想要的情況，然後想辦法爲那個情況找理由，接著又回憶過去，繼續強調當前的問題，加深了心中的怨恨。當你開始訴說負面的故事，吸引力法則會幫你從現在回到過去，甚至深入未來，但是同樣的匱乏振動模式卻不會改變。把注意力放在匱乏之上，口氣充滿抱怨，你會發出抱怨的吸引力，然後不論現在、過去還是未來，你都只能想到更多的抱怨。

用心訴說新的故事，就能改變一切。新的故事會建立起新的思維模式，產生全新的吸引力，影響過去和未來。從你當下的立足點尋找正面的事物，很簡單的一個做法，就會改變你的振動頻率，除了影響你現在的感受，也會立刻開始吸引讓你覺得歡欣鼓舞的思維、人物和環境。

關於金錢的「新版」故事

金錢就像我呼吸的空氣，垂手可得，我喜歡這個想法。金錢進進出出，我喜歡這個想法。想像很多錢朝著我流過來，感覺眞有趣。我可以看見我對金錢的感受影響了來到我體驗中的金錢。我很高興我能了解，透過練習，我就能控制對金錢或任何事物的態度。在訴說富足的故事時，我覺得愈來愈快樂。

我很高興，我的實相，由我創造。進入我體驗中的金錢，和我的思維直接相關。我很高興，我知道藉著調整思維，就能調整流入我體驗的金錢。

現在我明白了創造的公式；現在我明白了想什麼就能得到什麼；最重要的是，現在我明白了，我可以靠著自己的感受來分辨我的注意力是放在金錢還是缺乏金錢上。我有自信，不久之後我的思維就會與富足完全契合，金錢就會進入我的體驗。

我了解周圍的人對金錢、財富、花費、存錢、慈善、給錢、收錢、賺錢等等各有不同的觀點，我不需要了解他人的意見或體驗。我知道我不需要把一切都弄明白。我唯一的工作，就是要讓自己對金錢的思維契合對金錢的願望，只要我覺得快樂，我就達到了契合。

我知道偶爾對金錢有負面的情緒也沒關係。但我想要快速引導我的思維，轉向讓我覺得更快樂的方向。想到令我覺得快樂的思維，我才能享有正面的結果。

我明白，改變思維後，金錢不可能立刻進入我的體驗中，但我期待用心去想讓我覺得更快樂的思維後，能夠看到穩定的改善。和金錢契合的第一項證據，就是感覺變得更好了，心情和態度也是，然後財務情況馬上就會出現眞正的改變。我很有信心。

我察覺到我對金錢的思維和感受與人生體驗有直接的關係。我可以看到吸引力法則準確無誤地回應我的思維，我也期待看到吸引力法則回應我愈來愈好的思維。

我能感受到強大的能量，因爲我更用心選擇我的思維。我相信其實我早就知道了，能夠回歸核心的信念，明白我的力量和價值，感覺眞的很不錯。

我的生活非常富足，能實現人生體驗帶給我的願望，我眞的很高興我能做得到。知道自己有無限可能，實在太棒了。

發現自己不需要等待金錢或其他東西眞正進入生活體驗，就能感到更快樂，我覺得非常寬慰。現在我明白了，當我覺得快樂的時候，我想要的事物、體驗和金錢一定也會變成我的。

正如空氣輕而易舉地進出我的身體，金錢也一樣。我的願望把錢帶進來，我的自在思維讓金錢流出去。有進有出。進了再出。永遠流動。永遠簡單。不論我想要什麼，不論何時，就跟我的願望一樣，生生不息。

訴說新版的故事，沒有什麼對或錯的方式。過去、現在和未來的體驗都可以變成故事的內容。唯一重要的準則，就是你要明白你為什麼要訴說一個讓你感覺更快樂的新版故事。一天下來，訴說許多讓你覺得快樂的簡短故事，就會改變你所發出的吸引力。不要忘了你訴說的故事是你人生的基礎。所以，用你想要的方式，訴說你的故事。

「第三部」

健康是身體的財富

Maintaining My Physical Well-Being

思維創造有形的體驗

對多數人而言，所謂「成功」多半離不開金錢、房產或擁有更多東西，但我們認爲，喜悅才是最大的成就。擁有金錢和美好的事物當然能夠讓你更加喜悅，但是一個讓你感覺良好的身體，才是常保喜悅和幸福的要素。

人生的各種體驗都是透過身體感官而來，當你覺得快樂時，眼前所見盡是美好。若身體稍有損傷，要保持良好的心態不無可能，但擁有一個讓你覺得快樂的身體，才是常保良好心態的重要根基。既然你的感受會影響你對事物的思維和態度，而你的思維和態度就等於你所發出的吸引力，你所發出的吸引力又等於你的生活將如何發展，那麼擁有一個能夠帶給你美好感受的身體，價值無可比擬。

值得注意的是，能夠帶給你美好感受的身體會讓你產生更多正面的思維，而正面的思維反過來也會讓你的身體更加健康。有人以爲，要有完美的健康狀態，才能感到輕鬆愉快，然後才能通往美好的心情和態度。然而，事實並非如此，就算身體正遭受病痛折磨，你還是可以找到讓自己愉快的方式，跟著你會發現身體狀況有所改善，因爲你的思維創造出你的實相。

抱怨只會引來更多抱怨

很多人抱怨說，你還年輕，身體也很健康，當然可以保持樂觀，但要是你老了、病了，怎麼保持樂觀呢……我們從不鼓勵你用年齡或日漸衰弱的健康狀態來侷限自己的思維，這麼做無法讓你獲得改善或康復。

多數人都不知道自己的思維有多大的力量。他們不明白，當他們繼續抱怨時，就阻礙了自己的健康。很多人不斷抱怨，抱怨全身疼痛或疾病，抱怨一堆東西。不論你抱怨的是某個惹你生氣的人，或某個背叛你的人，或你覺得不對的行爲，或自己身體上的毛病，抱怨就是抱怨，只會阻礙復原。

或許你覺得很快樂，想要持續快樂的狀態，或許你的身體出了毛病，你想要尋找復原的方法，過程都一樣。學習把你的思維引導到讓你覺得快樂的事物上，唯有當你的思維振動與本源互相契合時，才會得到力量。

繼續讀下去，你會記起早在你出生前就已經知道的事情，你會和這些法則與過程產生共鳴，然後你會覺得充滿了力量。想要有一個健康且令你感到愉快的身體，並維持良好的狀態，只要用心專注於思維和感覺上，眞心期待能有快樂的感受。

我可以感受到身體健康

如果你覺得身體不適，或覺得自己的外表看起來不符期望，這樣的狀態會反映在生活的其他面向上，這也就是爲什麼我們要強調保持身體狀況的平衡和圓滿非常重要。在宇宙間，沒有其他事物能比你的身體更快地回應你的思維，與思維相契能帶來快速的回應和顯著的成果。

在你所能控制的事物中，最簡單的其實就是身體健康，因爲健康是你爲自己身體做的事。然而，由於你透過身體的感受來詮釋世界上所有的事情，如果身體的狀況失去平衡，除了健康之外，對生活的其他面向也會產生嚴重的負面影響。

當你生病不舒服的時候，也是你最渴望健康和良好感受的時候，因此生病的體驗會讓你對健康發出最強大的要求。如果生病引發了你對健康的要求，你就會全心全意地想要健康，健康也會立刻來到。但是對大多數人來說，既然在生病時覺得很不舒服，他們只會注意到不舒服的感覺。一旦生了病，理所當然你會注意到當下的感受，由於你只注意到疾病，所以只會延長生病的時間……但你之所以生病，並不是因爲你把注意力放在缺乏健康上。你之所以生病，是因爲你只看著自己缺少很多想要的東西。

長久下來，如果你只注意到不想要的東西，將會讓你陷入無法享有身體健康的情況，其他你關注的事物也得不到解決。如果你能把注意力放在身體健康的想法上，除了能快速復原，也能維護健康和身體的平衡。

透過人生體驗去學習

光聽到話語，即使是正確解釋事實的完美話語，也無法帶來眞正的了解，但是透過仔細的解釋加上總是符合吸引力法則的人生體驗，便能讓你體悟。我們期待，在你閱讀本書並體驗生活時，能夠完全了解生命中的所有事情是如何發生的，也能完全掌握生命的所有層面，尤其是和你的身體有關的事情。

或許你的健康狀態正符合你想要的。倘若情況眞是如此，持續把注意力放在身體上，珍視所有令你覺得愉快的地方，你就能保持當下的健康狀況。但是，倘若你希望有些改變，或許是更美好的體態、更持久的毅力或在生理上更健康，那麼開始訴說不同的故事，對你會很有幫助。你所訴說的故事不僅和身體有關，也和所有困擾你的事物有關。集中正向的注意力，對事物保持良好的感覺，激發出內心的熱情，你就會感受到宇宙的力量流向你，那就是創造世界的力量。

你的體驗，由你創造。其他人無法爲你創造。所有來到你面前的事物，皆來自思維的力量。

當你專注得夠久，就會感受到熱情，然後便有更強大的力量，助你達成更好的成果。短暫且不帶熱情的思維雖然也很重要，也有創造的潛力，但通常只能讓你維持現狀。因此，很多人發出的思維力道不夠強，也並未伴隨著強烈的情感，於是不想要的體驗持續下去。也就是說，他們一直訴說相同的故事，只看著不公平的事物，或繞著他們不喜歡、不想要的東西轉，如此一來，不想要的狀況當然永遠存在。不論注意到任何事物，都要訴說令你感覺更快樂的故事，這麼做對你的身體會有重大的影響。而既然話語無法眞正讓人領悟，我們建議你實際去做，訴說不同的故事，看看情況會出現什麼樣的改變。

吸引力法則擴展所有思維

吸引力法則的原則是：**同頻共振，同質相吸**。也就是說，不論何時，你心裡想什麼，便會引來類似的思維。這就是爲什麼每次你想到不愉快的事，立刻會引來更多不愉快的想法。很快地，你會發現自己除了體驗到當下的事物，也會翻出過去的回憶，找到頻率契合當下振動的資料。接下來，按著吸引力法則，負面的思維會不斷增加，負面的情緒也跟著升高。

你很快就會發現，這個不愉快的事物變成你跟他人對話的內容，然後他們會火上加油，通常也會勾起他們過去的回憶……只要某件事物在你心中盤旋，過不了多久，你就會吸引到足夠的資料，然後那件事物的振幅就會進入成爲你的體驗。

知道自己**不想要**什麼，自然就能釐清你**想要**什麼。在尋找答案之前先弄清楚問題，並沒有錯。但隨著時間經過，很多人卻變成了問題導向，忘了要去找尋答案，他們不斷檢視和分析問題，讓問題一直持續下去。

再一次地，訴說不同的故事對你大有好處：當你在訴說故事時，心裡想著答案，不要想著問題。與其等到生病了以後才想要把注意力放在正面的事物上，不如在你感覺快樂的時候，便開始訴說圓滿健康的故事……不論如何，你的新故事很快就會帶給你不同的結果。同頻共振，同質相吸。訴說你想要的生活方式，那樣的生活方式最後就會變成你的。

有些人擔心，既然自己已經生病了，而且注意力都放在疾病上，那麼他們對疾病的關注是否只會讓他們繼續病下去。我們同意這樣的說法。如果他們只把注意力放在當下的**現狀**上，情況就會變成這樣。但是，除了現在發生的事情之外，如果你也可以去想想其他的事，就有可能看見改變。你不能只把注意力放在眼前的問題上，還冀望發生改變。你必須把注意力放在你想要的正面結果上，才能得到不同的結果。

吸引力法則會回應你的思維，而不是當前的事實。當你改變思維，現狀一定會跟著改變。如果現在一切都還不錯，把注意力放在眼前發生的事物上，良好的狀況就會持續下去。但如果現在發生的事情讓你覺得不愉快，你必須找到方法，把注意力從你不想要的事物上轉移開來。

你有能力把和你自己、你的身體或重要事物有關的思維，專注於更好的方向。你有能力想像即將到來的事或過去發生的事，當你用心尋找令你感覺快樂的事物，作爲思索和談論的主題，你就可以快速改變思考模式，你的振動頻率也會跟著改變，最後則是……你的人生體驗。

花十五分鐘想像身體的美好

如果你的腳趾頭正在抽痛，實在很難要你想像雙腳舒適的感覺。但若你能盡力不去想抽痛的腳趾，對你會有好處的。然而，當身體承受強烈不適時，確實很難想像健康的狀態。最好的想像時刻，其實是在你感覺良好的一般時候。也就是說，如果你一早起來覺得渾身舒暢，就在這個時候在腦海中想像你的新故事。如果泡個舒服的熱水澡後讓你覺得最舒服，就以那個時刻當作想像時間。

撥出十五分鐘時間，閉上雙眼，盡量抽離你對現狀的認知。最好找一個安靜、沒有人會打擾你的地方，想像你的身體愈來愈強健。想像快步走路、大口呼吸，享受吸入身體的芬芳空氣。想像快步走上斜坡，讚賞身體的耐力。想像你彎腰伸展，感受靈活的身體。

花些時間探索令你覺得愉快的情景，感受健康的身體，品味身體的力量、耐力、靈活度和美好外型。爲感受想像之樂而想像，不要抱著彌補缺陷之心，你的思維會變得更加純粹，也更有力量。當你想像要克服某個問題時，匱乏的那一端就會分散了思維的力量。

有些人說他們的願望一直沒有實現，他們認爲吸引力法則對他們來說沒有效果。然而，這是因爲他們祈求改善時，所感受到的是自己缺乏想要的事物。花點時間調整思維，把思維專注於你想要的事物上，不用多久，你會發現習慣成自然，不需再刻意調整。你的新故事會變成你自然而然訴說的故事。

如果你眞的花時間以正面的方式想像你的身體，這些令你覺得快樂的思維就會變成主導的力量，然後你的生理狀況一定會默默跟隨這些思維。如果你只想著當前的情況，就不會看到改變。

在腦海中想像你的新故事，並用言語訴說，不久你就會**相信**新的故事，到那個時候，相關的證據就會進入你的體驗。信念只是縈繞在你心頭的思維，當信念與願望相符時，願望就會成眞。

你和你想要的東西之間，除了你個人的思維之外，沒有其他的阻礙。不論你的身體多麼衰弱，不論你的健康狀況如何，都一定能出現改善。在你的體驗中，再沒有其他事物能像你的身體般，如此快速地回應你的思維模式。

我不受他人的信念所限制

只要用點力氣，把注意力放在對的方向，就能享有非凡的成果，而且你會想起，你本來就可以擁有任何與你振動相符的事物，你可以達成你專注的目標。

從無形的觀點進入有形的身體和有形的世界，你很清楚你爲什麼要來到這裡。在來到這裡之前，你並未清楚了解有形生活中的所有細節，但你確實設下了清楚的目標：你的身體要充滿活力，才能創造體驗。你渴望體驗。

當你剛進入初生的小身體時，你與內在世界的距離比跟有形世界更接近，你對於圓滿和力量的感受也非常強烈。隨著時間過去，你把愈來愈多的注意力放在有形的世界上，你看到其他和美好狀態失去連結的人，你的美好感受也開始一點一滴地流逝。

誕生在這個有形的世界中，你還是可以和**本來的面目**及**絕對的幸福圓滿**保持連結。然而，多數人一旦把注意力放在這個時空實相上，就失去了這樣的連結。對幸福圓滿的感受逐漸消退，主要是因爲周圍的人不斷干擾，要你取悅他們。雖然父母師長多半立意良好，但他們比較感興趣的是要你取悅他們，而不是取悅你自己。因此，在社會化的過程中，不論在哪裡，絕大多數人都會迷失方向，因爲他們受到勸誘，或被迫偏離自己的引導系統。

在大多數社會中，人們都把行動放在第一位。你很少被鼓勵去思考自己和內在世界的振動契合或連結。到了最後，大多數人多半透過他人的贊同或反對來選擇方向。他們的注意力放錯了地方，他們只想完成旁人重視的事，結果失去了內在的契合，所有的體驗都減損了價值。

你原本滿心期待誕生於這個充滿多樣化的世界上，你明白對比的重要性，你要從對比中建立個人的體驗。你知道從體驗中你會明白，在眼前形形色色的選擇中，什麼才是你想要的。

不論何時，只要你知道自己不想要什麼，就能更清楚知道自己想要什麼。但很多人踏出第一步，找到自己不想要的東西以後，卻不轉向自己想要的東西，達成一致的振動，反而繼續談論他們不想要的東西，要不了多久，他們與生俱來的生命力便開始衰退。

振動契合的力量

如果不了解思維的力量，也不花時間調整思維的方向，你就只能退而改用行動的力量去創造。倘若你一直想透過行動去達成某個目標，卻無法達成，通常你會覺得手足無措，甚至覺得自己做不到。有些人覺得自己的生命所剩無幾，無法追求夢想中的事物。但我們要你明白，如果你願意花時間，用心和創造世界的能量達成契合，透過專注思維的力量，你會找到助力，幫助你快速完成之前看似做不到的事情。

一旦達成了必要的契合，沒有什麼你做不到或得不到的事，而當你做到了，從個人的體驗中你會看到思維契合的證據。在證據確實展現前，契合的證據就是積極正面、令你愉悅的情緒；如果你能明白這一點，就能保持在正軌上，你想要的也會一一展現在你眼前。吸引力法則說，同頻共振，同質相吸。你當前的狀態是什麼，就會吸引到更多相同振幅的事物。

當你覺得自己可以達成某件想要達成的事物時，總是會讓你感到快樂，但如果你的願望遭到質疑時，你就會覺得很不自在。我們要你明白，想要某樣東西並相信自己能做得到，就是振動頻率契合的狀態；想要某樣東西卻心存懷疑，振動頻率就會失衡。

想要且**相信**就是振動契合。

想要並**期望**就是振動契合。
期望不想要的事物就不是振動契合。
你可以**感受**到振動契合或失衡。

爲什麼我想要完美的健康狀態？

或許你會覺得很奇怪，但在討論身體狀況之前，我們必須先提及你無形的根源以及你和這些根源永恆的連結，因爲在有形身體中的你，是內在存在的延伸。簡單來說，爲了保持最佳健康和幸福狀態，你必須和內在存在達成契合的振動頻率，而要達到這個目標，你必須察覺到你的情緒及感受。

身體的健康狀態和你與內在存在（本源）的振動契合直接相關，這表示你針對不同事物的所有思維，對這樣的連結會產生正面或負面的影響。也就是說，若無法敏銳察覺到自己的情緒，並下定決心把思維引導到令你快樂的事物上，就無法維持健康的身體。

快樂的感受是與生俱來的，不論你想什麼，都要努力找到正面的地方，如此就能訓練你的思維去符合內在存在的思維，這對你的身體非常有益。當你的思維一直都能給你快樂的感受，你的身體也會保持在最佳狀態。

情緒的範圍很廣，有很糟糕的感受，也有很快樂的感受。但不論何時，不論你的注意力放在哪裡，你事實上只有兩種情緒選擇：讓你更快樂或讓你更不快樂。因此，我們可以說情緒只有兩種，而用心選擇讓你更快樂的情緒，就能有效利用**引導系統**。如此一來，你馬上就能讓自己的頻率完全符合內在存在，一旦做到了，就能擁有美好的身體狀態。

我可以信任永恆的內在存在

你的內在存在就是你的本源，它透過你成千上萬的人生體驗不斷演進。每次選擇，每次分類，內在的本源一定會在所有的選項中挑選令你感到最快樂的，這表示你的內在存在一直朝著愛、喜悅和所有美好事物的方向調整，永不止息。當你選擇愛別人或愛自己，而不是挑剔別人或自己的錯誤時，你會覺得很快樂。良好的感受表示你和本源的振動頻率完全契合。當你選擇跟本源不契合的思維時，就會產生懼怕、憤怒或嫉妒等等情緒反應，這些感受表示你的振動頻率偏離了本源。

本源絕對不會背棄你，它會源源不絕地提供穩定的振動。當你感受到負面的情緒，表示你不讓自己的振動接觸本源和無止境的幸福圓滿。當你開始訴說健康、人生、工作、身旁人物的故事時，如果你覺得很快樂，就能和幸福的本源保持穩定的連結，不斷感受到幸福圓滿。當你把注意力放在你想要的東西上，並感受到正面的情緒，就能掌握創造世界的力量，把力量傾住於你關注的事物。

遭逢創傷時，思維具有什麼力量？

傑瑞：造成創傷的方式，是否跟疾病一樣？能透過思維消除創傷嗎？創傷是偶發的傷害，還是一連串長期的思維所造成的？

亞伯拉罕：身體突然因意外受傷，或因癌症等疾病而造成身體傷痛，都是因爲你透過思維創造出受傷的情況，要癒合，也要透過思維。

一直想著自在的事情，會讓你更健康，一直想著緊張、可憎、可恨或可怕的事情，會讓你更容易生病。不好的結果或許是突然出現（例如跌倒和骨折），或許緩慢形成（例如癌症），但你的生活體驗一定會符合思維的振動。

一旦發現健康出了狀況，不論是骨折還是疾病，你不太可能突然找回符合內在存在的快樂思維。換句話說，如果在出意外前或生病前，你並未選擇與內在契合的思維，就不太可能在面對不適或痛苦或駭人的診斷結果時，還能突然找到契合的振動頻率。

健康狀態還算不錯時，比較容易達到完美的健康狀態；健康狀態不佳時，很難達到完美的健康狀態。然而，如果你能把注意力從生活中不想要的事物轉移到令你覺得更愉悅的地方，就有可能從你當前的情況轉向你想要的情況。專注思維才是關鍵。

有時候令人嚇一跳的診斷結果或創傷是強大的催化劑，讓你更用心把注意力放在令你快樂的事物上。事實上，懂得「用心創造」的好手中，有幾位就曾被醫生宣判過死刑，治療無效，但他們現在都很用心地專注於快樂的思維，也有好的成果。

很多人放著有效的做法不用，等到其他的選擇都耗盡了，才想要回頭。我們明白你已經習慣了以行動爲導向的世界，因此行動在大多數人心目中都是最佳的優先選擇。我們不想引導你脫離行動，但是我們要鼓勵你先找到令你更快樂的思維，然後再採取被激發而出的行動。

先天性的疾病可以透過思維振動來消除嗎？

傑瑞：如果一生下來就有先天性的疾病，也能透過思維振動來消除嗎？

亞伯拉罕：可以。你想到哪裡，你就會到達哪裡。如果你能明白，現在只是未來的跳板，你就能更快地（甚至從你非常不想要的東西）轉移到令你覺得愉悅的事物。

如果人生的體驗讓你產生願望，那麼達成願望所需的方法也會爲你所有。但你必須先專心想著你要去哪裡，而不是你在哪裡，不然就無法朝著願望前進。然而，你無法創造超越自己信念之外的事物。

爲什麼不斷有重大疾病出現？

傑瑞：我年輕時一些常見的重大疾病，例如肺結核和小兒痲痺，早已消聲匿跡。但現在出現以前從沒聽過的各類心臟疾病和癌症。以前梅毒和淋病常常出現在新聞裡，現在則很少聽到了，但是愛滋病和皰疹成爲新的焦點。爲什麼總有新的疾病冒出來？爲什麼發現新的治療方法後，還是有那麼多治不好的疾病？

亞伯拉罕：因爲你們只注意著匱乏。無力感和容易受傷的感覺會讓你覺得更無力，更容易被傷害。當你專心想要克服疾病，就一定會想到疾病。但是，你們一定要明白，在尋找治療疾病的方法時，就算找到了，也只是短淺的解決辦法，就長期而言並沒有效用，如同你所指出的，新的疾病不斷冒出來。當你尋找會導致疾病的振動，也明白什麼樣的振動會造成疾病時，由於你並未專注於治癒的方法，最後只會創造出更多的疾病。若你能用心專注於舒適的感受，並達成一致的振動頻率，就能過著無病無痛的生活。

大多數人幾乎沒花什麼時間去感受自己所體驗到的健康，一旦生病就一心想著要趕快好起來。令你快樂的思維會帶給你健康，也能保持下去。你活在一個忙碌的時代，有很多事情令你心煩意亂，因此，你的振動頻率就失衡了，結果導致自己生病。接著，你只專注於疾病，所以一直好不起來。記得，你隨時都能打破這種循環。你不需要等待社會了解疾病和治療的關係，才能給自己良好的健康狀態。健康圓滿的狀態對你來說才是最自然的狀態。

我見證了身體的自然痊癒

傑瑞：早在年輕的時候，我就發現身體自己會快速痊癒。如果我不小心割傷或抓傷，不用五分鐘的時間，就能看到傷口開始收合，在很短的時間內，就完全好了。

亞伯拉罕：組成身體的細胞非常聰明，一定會想辦法保持平衡，你的感受愈快樂，振動就愈不可能去干擾細胞的平衡。如果你老去看讓你煩擾的事物，身體細胞的自然平衡過程就受到阻礙，一旦診斷出有病痛，你的注意力都放在病痛上，干擾也更強烈。

既然身體的細胞知道該如何保持平衡，如果你能找到方法，把注意力放在令你感到快樂的思維上，就能停止負面的干擾，也會開始自然復原的過程。疾病出現，一定是振動失衡或受到阻礙，毫無例外。由於大多數人在生病前都未察覺到思維失調（通常也不太努力去找讓自己感覺快樂的思維），一旦生病了，就很難找回純粹、積極的思維。

但如果你能明白，你的思維會導致抗拒，妨礙身體健康，你就知道要把思維轉向更正面的方向，身體復原的速度也會變快。不論生了什麼病，不論病況如何，問題都一樣：你能否將思維引導到正面的方向？

通常這時就會有人問：「那剛出生就生病的嬰兒呢？」不要以為孩子不會說話，就認為他不會思考或發出振動。即使還在子宮裡，或剛剛出生，孩子仍會影響自身的健康狀況。

專注於健康，就能保持健康？

傑瑞：見證過身體的自癒力，我便期待身體的癒合。但是，要怎樣才能知道身體不論何處都會復原呢？人們最害怕的似乎是他們看不見的地方，也就是身體內部。

亞伯拉罕：能清楚看見思維帶來的結果，實在太好了。正如傷口或疾病證明振動頻率的失衡，復原或健康也證明了振動頻率相符。你對健康的喜愛遠超過疾病，正因如此，即使有些負面的思維，大多數人還是能保持健康。

你期待傷口會癒合，癒合的過程因此獲得力量，但是當疾病出現在你看不見的地方，必須仰賴醫生以測試或設備來診斷時，你會覺得無計可施，充滿恐懼，這樣一來就讓癒合的過程變慢了，同時也讓疾病得以成形。很多人想到肉眼看不見的身體部位，會覺得無法防備，而無力感就成爲強烈的催化劑，導致疾病綿延不去。

大多數人生了病會去看醫生，問醫生說自己的身體出了什麼狀況，當你想找到問題，通常就會找到問題。吸引力法則始終如一。持續尋找身體有什麼問題，很快地問題就會出現，並不是問題潛伏在看不見的地方等你來尋找，而是因爲你的反覆思維最終創造出你所想的事物。

何時該去看醫生？

亞伯拉罕：很多人抗議我們的觀點，說我們不負責，竟然不鼓勵大家定期檢查身體，及早發現出了問題的地方，或可能出現問題的地方。要是我們不明白思維的力量，我們或許會說，如果看醫生能讓你覺得更有安全感，那就去吧。

事實上，有時候你想找問題卻找不到，你確實會因此覺得比較好過。但是更常見的情況是，你一直尋找問題，結果問題就眞的出現了。就這麼簡單。我們並不是說吃藥不好，也不認爲去看醫生是浪費時間。藥物、醫生和所有相關行業都無所謂好壞，是透過你的振動，他們才有了價值。

我們鼓勵你注意自己的情緒平衡，用心找到讓你感覺最快樂的思維，努力練習，讓這些思維變成你的習慣……先照顧好自己的振動頻率，再採取因此激發出來的行動。也就是說，去看醫生（任何形式的行動）時，若能感受到喜悅、愛或令你快樂的情緒，那就很有價值；若你的行動是出自懼怕或軟弱，或任何令你感受不佳的情緒，就沒有價值了。

身體健康跟其他所有事物一樣，你所秉持的信念會深深影響到它們。通常年輕人對健康的期待比較高，但隨著年紀老去，大多數人開始退化，因此也就反映出你在周遭的人身上看到的：老年人比較容易生病，比較沒有活力。但伴隨年紀增長而來的退化，並非是因爲身體早已設計好要跟著時間退化，而是因爲活得愈久，愈容易找到憂煩擔心的事情，導致與生俱來、源源不絕的幸福感受遭到了阻礙。疾病跟反抗有關，不是年齡造成的。

在獅口下感受到愉悅？

傑瑞：我聽說，知名的傳教士李文斯頓醫生（Dr. Livingstone）在非洲的時候，曾被獅子咬住拖走。他說，他進入了一種愉悅的境界，一點都不覺得疼痛。我看過獵物要被大型掠食動物吃掉時，乾脆拖著腳往前走，感覺像完全放棄了，再也不想求生。我的問題是，李文斯頓醫生說他不覺得痛，他所謂的愉悅是心理還是生理的狀態？是否只有在極端的情況下，比方說快喪生或被殺時，才會有這種感受？抑或在感受到痛苦時，可以用這種方法來消除疼痛？

亞伯拉罕：首先，我們會說你根本無法正確辨別生理狀態、心理狀態，以及更高的內在存在。也就是說，你是有形的存在，你也是會思考的一種存在，你也是一種來自更寬廣視野的生命力和能量。在有可能送命的情況下，比方說獅子把你咬在嘴裡（通常人也打不過獅子），你的內在存在會介入其中，提供的能量流被你接收到後，就是一種愉悅的狀態。

其實你不需要等到如此緊急的情況發生，就可以接收到來自本源的能量，但大多數人總要等到別無選擇，才願意接收。你說完全放棄，一點也沒錯，因爲放棄，幸福的強大能量才能流入。但我們要你明白，你放棄的其實是掙扎、抗拒，而不是想要活下去的願望。碰到特殊情況時，你必須考量到所有可能。有些人對生活較無熱情、對生命較無信心，碰到同樣的狀況或許會體驗到完全不同的結果：被獅子咬死吞下肚。你體驗到的所有事物都反映出願望和期待兩者之間的思維平衡。

你必須在日常生活環境中不斷練習**隨順**的狀態，而不是等到被獅子攻擊時才想到。但是，就算被獅子咬在嘴裡，緊張害怕得不得了，你的意念仍能左右結果。把注意力放在令你快樂的思維上，找出契合的頻率，才能夠帶你走上感受不到痛苦的道路。疼痛只是強調你的抗拒。負面情緒最先出現，然後是更多的負面情緒，還有更多的負面情緒（你偏離了正軌），接下來是感覺，最後是疼痛。

有形世界的朋友們，如果你有負面情緒，卻不明白那表示你心中出現抗拒的思維，甚至也不想辦法去修正抗拒的思維，那麼按著吸引力法則，抗拒的思維就會愈來愈強大。如果你仍不想辦法調整振動頻率，專注於令你更快樂的事，抗拒的思維會愈來愈強烈，最後你就會感受到痛苦、疾病或其他抗拒思維的指標。

痛苦時如何把注意力轉移到其他地方？

傑瑞：好，你們說，為了要治療自己，我們必須不去想問題，只想我們要什麼。但是，如果感覺到疼痛，怎樣才能忘掉疼痛的感覺？如何才能把注意力從疼痛上面移開，轉到我們想要的事物上？

亞伯拉罕：你說的對。腳趾痛得受不了，怎麼有辦法不去想它。大多數人要碰到**不想要**的情況後，才會清楚他們**想要**什麼。大多數人每天都過得渾渾噩噩，跌跌撞撞地四處移動，沒有發出眞正有意識的思維。你不明白思維的力量，便無法發出用心的思維。除非你不想要的東西來到你眼前，你才知道你眞正想要什麼。然而，當你面對不想要的東西時，會用盡全力去攻擊。你我都明白吸引力法則的運作，這麼一來，你的注意力就會被吸過去了，情況只會雪上加霜……因此，我們要鼓勵你：*尋找感覺不到疼痛的時候，然後專心想著那時候的狀態。*

你必須找到方法，分別體驗中發生的事物以及你對眼前事物的情緒反應。也就是說，或許你的身體感到疼痛，在疼痛時也覺得恐懼，也或者你的身體雖痛，心中卻充滿了希望。痛苦不一定要左右你的態度或你當下的思維。你心裡想的或許不是疼痛這件事。如果能做到如此，疼痛很快就會消退。然而，萬一感到疼痛，你又全心全意想著疼痛，不想要的疼痛就更難消除了。

如果你的注意力一直放在各式各樣的負面事物上，而且你現在正感受到疼痛，那麼爲了克服疼痛，你必須要把注意力轉向正面的地方。但轉向正面的思維以求健康並非一蹴可幾，因爲你還必須先對抗阻礙你轉換思維的病痛。就健康而言，預防總是比治療來得容易，但不論要預防還是要治療，關鍵在於能讓你更快樂的思維，這樣的思維能讓病痛愈來愈緩和。

即使在無比痛苦的情況下，不適的感受仍有程度高低之別。從你的體驗中選擇感受最好的時刻，找到正面的地方，選擇讓你更加快樂的思維。繼續尋找讓你的情緒愈來愈緩和的思維，積極正面的學習最後會帶你回到健康的狀態中。毫無例外。

幸福圓滿的狀態是自然的狀態

亞伯拉罕：你的存在核心就是健康和圓滿，如果你體驗不到健康和圓滿，表示振動中存有抗拒。把注意力放在缺乏想要的東西上，就會導致抗拒……把注意力放在想要的東西上，才能帶來隨順……當思維無法與本源的觀點契合，就會導致抗拒……當下的思維與本源的觀點相契，才能帶來隨順。

> 你一生下來，就注定要享有絕對的健康和完美的身體狀態，如果你體驗不到，那是因爲你內在的思維都專注於缺乏想要的事物上，而不是專心想著你想要的東西。

疾病的出現，就是你的抗拒所造成的，你對疾病的抗拒讓你生病後便無法脫離病魔。把注意力放在不想要的東西上，不想要的東西就會進入你的體驗，所以你當然要專注於你想要的東西。

有時候你認爲自己一心一意想要健康，事實上你卻是擔憂著自己會生病。你要注意伴隨思維而來的情緒，才能確認振動頻率是否出現差異。找到能促進健康的思維，比想像自己享受健康要來得簡單。

向自己承諾，你一定要快樂，並用心引導思維，你會發現自己不再心懷憎恨、感到一文不值、覺得軟弱無力。現在你已經決定要注意自己的情緒，這些抗拒、帶來疾病的思維再也不會得到你的注意。生病是違反自然的現象，心懷負面情緒也違反自然，因爲在你內心深處，你跟內在存在一樣：你很健康，而且你覺得非常快樂。

嬰兒的思維會引來疾病嗎？

傑瑞：嬰兒都還無法有意識地察覺到事物，怎麼會引來疾病呢？

亞伯拉罕：首先，我們要清楚聲明，除了你之外，無人能創造你的實相。但你也一定要明白，你所知道的「你」在一開始時，並不是母親生下來的那個小寶寶。你是永恆的存在，經歷過許多體驗，在誕生進入有形的身體前，早就擁有許多的創造經驗。

你們以為，要是所有新生兒生來都能符合「完美」身體的標準，世界就會更美好，但這並非所有存在進入有形身體的目的。對比會創造出更好的效果，在各方面都具有價值。有很多存在刻意偏離了所謂的「正常」。也就是說，嬰兒生下來時若跟其他孩子不同，你不能假設這個寶寶出了問題。

假設有位運動員很會打網球，坐在場邊看比賽的觀眾可能會假設這位運動員碰到球技較差的對手時一定最開心，但運動員的偏好或許正好相反：她喜歡跟一流的網球選手對戰，這些人才能把她的專注力和準確度提升到前所未有的層次。因此，很多在自己的領域站上巔峰的人，都希望能有機會以不同的角度看人生，才能發現新的選擇，激發新的體驗。而這些存在也明白，體驗到和「正常」不同的事物時，會帶來很大的好處。

很多人以為新生兒不會講話，就無法創造實相，但這麼想就錯了。即便是能使用語言的人都無法透過話語創造，而是要透過思維。新生兒一生下來就會思考，在出生前他們就能察覺到振動。出生後，他們的振動頻率立刻受到身旁眾人的振動影響，但不需要擔心，因爲他們跟你一樣，一生下來就有引導系統幫助他們辨別好思維和不好思維之間的差異。

爲什麼有些人一生下來就生病？

傑瑞：你們說到「思維平衡」，但是在我們出生前就有思維平衡嗎？難道那就是爲什麼有些人一生下來就有身體的疾病？

亞伯拉罕：正是。你現在的思維平衡就等於你的生活體驗，在出生前的思維平衡，也曾經是你的生活體驗。但你必須了解，有人誕生時，刻意想要生理上的「殘缺」，因爲他們知道殘疾會帶來益處。他們想要平衡自己的思維。

在你誕生進入有形的身體前，你已經明白從你的角度，你可以重新決定你想要什麼。因此，你不需要擔心身體這個起跑點，因爲你知道如果在某種情況下，你被激發出不同的新願望，新的願望一定能夠達成。有很多人一生下來的處境在他人心目中絕對無法與成功畫上等號，但他們卻在不同的領域中享有非凡的成就。一開始的崎嶇不平提供不少益處，因爲生於窮困或生來就有殘疾，會讓他們有強烈的願望，開展**要求**的過程，把成功帶給他們。

所有進入有形身體的存在都了解他們所得到的是什麼樣的身體，你必須相信，如果他們來到這個世界，停留在此，那是他們有意如此。你從哪裡出發，會讓你決定自己想要什麼。如果你能集中思維，就能完成創造。

大多數吸引不到健康的人都是如此：他們很想要健康，但思維卻專注於無法給予健康的事物上。從你的觀點來評估他人的生活方式是否恰當，不是很好的做法，因爲你永遠無法找到答案。但你總知道自己身處何處，以及你想要什麼。如果你專注於你想要的東西，讓由內發出的感覺引導你的思維，你就會發現你更懂得如何把思維導向最終能讓你覺得快樂的方向。

關於「不治之症」

傑瑞：近代所謂的「不治之症」是愛滋病，但現在我們也看到有些人戰勝了愛滋，他們存活的時間超過醫生的預期。你們會如何建議已經染上愛滋病且需要幫助的人？

亞伯拉罕：不論病情惡化到什麼程度，一定都有儀器可以幫助病人恢復健康……但你的信念關係著你允許進入個人體驗的所有事物。如果你相信某種疾病無法治療，也就是會「致命」，然後醫生說你得了這種病，通常你的信念就是你無法存活……你也無法活下去。

存活與否，和疾病無關，一切都由你的思維控制。因此，如果你告訴自己：或許其他人是這樣，但我不會，因為我的體驗由我創造，這次我選擇要復原，而不是死亡……你就能復原。

說起來容易，但不相信自己有創造能力的人就是聽不進去。但你的體驗一定會反映出思維的平衡。你的體驗清楚指出你心中的思維。當你改變思維，你的體驗一定也會跟著改變。這就是法則。

想著有趣的事就能重獲健康？

傑瑞：作家諾曼・卡森（Norman Cousins）染上了一種疾病，據信無藥可救（染上這種病的人應該都死了）。但他活了下來，他說，他看了不少好笑的電視節目，才能克服病魔。他說只要看電視跟哈哈大笑，就能不藥而癒。你們認爲他康復的眞正原因是什麼？

亞伯拉罕：他能夠戰勝病魔，是因爲他的振動頻率跟幸福健康互相契合。要找到相符的振動頻率，有兩個重要因素：第一，健康是他的願望，而生病後他的願望更強烈了；第二，他看的節目讓他的心思從疾病上轉移到其他地方，看好笑的節目時哈哈大笑，他感受到的愉悅表示他放棄了對健康的限制。要創造，就得有這兩個要素：**想要**和**隨順**。

通常只要把注意力放在問題上，過了一段時間後，健康接收到限制，病情也會變得更嚴重，接著你一心一意想著生病這件事，病就一直好不起來。有時候，如果醫生相信他有辦法可以幫你，你對健康的信念也會變得更強烈。在這種情況下，**願望**因著疾病而變強了，**信念**因著醫生建議的治療方法也變強了。但是，不論你患了據說無藥可救的疾病，還是據說有藥可醫的疾病，帶來療癒效果的兩個因素都一樣：**願望**和**信念**。

期望健康的人，不論如何都能得到健康。祕訣就在於你要眞心期待健康，或者像上述例子說的，只要把你的注意力從缺乏健康上移開。

忽略病痛就能減輕病痛？

傑瑞：我從來沒有病到無法做完當天預計要完成的事。也就是說，我總覺得工作很重要，我甚至沒想過不要去工作。然而，我注意到，就算我覺得有點不舒服，好像快要感冒了，只要我能專心做好工作上的要求，感冒症狀就會消失。這是不是因爲我專心想著我**想要**的東西？

亞伯拉罕：因爲你想要工作的**意念**很強烈，也因爲你工作時能樂在其中，你擁有一股強大的動力，朝向健康圓滿前進。若因爲注意到不想要的東西，讓你偏離了健康圓滿的路徑，你只要把注意力專注於平日的意念上，很快就能找回契合，頻率不一致的徵兆也會馬上消失。

你想透過行動去達成的目標太多了，當你採取行動時，通常會覺得很疲憊，不知道該如何繼續，這些感覺就指出你該停下來，休息一下。但是，你往往繼續透過行動往前走，不願意花時間休息和調整振動頻率，這就是爲什麼不適的症狀會開始出現。

大多數人覺得自己生病時，會把注意力放在症狀上，而這麼做通常只會加重不適和頻率失調。關鍵在於早點察覺頻率失調的問題。換句話說，一感受到負面的情緒，就該尋找不同的思維，改善振動平衡。如果你不改變思維，負面訊號會愈來愈強，最後你會覺得身體不舒服。但就算到了那個地步，你還是可以重新把注意力放在你想要的東西上（不再注意讓你失衡的事物），達成一致的頻率，疾病的症狀就一定會離開。沒有打敗不了的疾病，不過假如你能在狀況輕微時就發現它，便更容易克服它。

有時候生病正好讓你逃離一件你不想做的事，因此，在你的環境中，你寧可用生病來交換不去做那件事。但是，當你開始玩這種遊戲時，你就敞開了大門，讓更多疾病得以入侵。

疫苗對疾病具有什麼效用？

傑瑞：既然說疾病是由我們的思維所造成的，但疫苗似乎能防止某種疾病的擴散，比方說小兒麻痺症，爲什麼？

亞伯拉罕：疾病讓你的願望更強烈，疫苗讓你的信念更強烈。因此，你達到了創造的微妙平衡：你想要，並隨順，也充滿信念，想要的東西就變成你的。

醫生、信仰治療師和巫醫

傑瑞：我接下來還有一個問題。巫醫、信仰治療師和醫生等等……他們有可能治得好某些人，也有可能治不好某些人。這些治療者在我們的思維或生命中占有什麼地位？

亞伯拉罕：這些人最重要的共通點，在於他們能激發患者的信念。由於疾病增強了對健康的願望，任何能帶來信念或期待的事物，都具有正面的效果。而當你停止尋求治療的方法，轉而尋找振動成因或不平衡，復原的機率就會提高。

如果醫生不相信你能戰勝疾病，你和醫生的關係對你極爲不利。常見的情況是，好心的醫生懷疑你無法康復，於是指出你痊癒的機率非常低，說你不太可能逃過這個不治之症。這個推論的麻煩之處在於，它完全和你無關，即使它是根據醫學和科學的事實或證據。你能不能復原，只有兩個要素：你的**願望**和你的**信念**。負面的診斷結果會妨礙你的信念。

如果你想要康復的願望非常強烈，醫生卻不給你希望，理所當然你會想要尋找其他方法，讓你重拾希望，得到鼓勵，因爲有很多證據顯示，有些人得了理因「無藥可救」的疾病，仍恢復了健康。

醫生是通往健康的工具

亞伯拉罕：不要譴責你們的現代醫學，因爲它之所以被創造出來，是來自社會成員的思維、願望和信念。我們要你知道，你有能力達成你所有的願望，不過你無法從他人身上找到指引，你的指引應該以情緒的形式，從你內心發出來。

先找到一致的振動頻率，並跟隨因此激發出來的行動。讓醫學界人士幫助你復原，但不要把不可能的任務放在他們身上——不要叫他們治癒你與宇宙能量之間的不協調。

沒有**要求**，就不可能有**回應**，把注意力放在問題上，其實就是要求得到解決方法，所以醫生多半會檢查病人的身體出了什麼問題，以找出解決的方法。但尋找問題是個強力的催化劑，會吸引更多問題，因此，即使醫生用意良好，也有可能招來更多他們無法找到治療方法的疾病。我們的意思不是說，醫生不想幫助你康復；我們的意思是，他們在檢查病患時，主要的目的就是要找到出了問題的地方。既然他們的用意是如此，他們吸引來的疾病自然也變多了。

身處其中，不久之後他們會相信人類很容易出問題。他們常忽略沒事的地方，只看有問題的地方，這就是爲什麼很多醫生自己也陷入病痛中。

傑瑞：所以，那就是爲什麼醫人者無法自醫？

亞伯拉罕：正是。把注意力放在他人負面的事物上，自己也難免體驗到負面的情緒，爲負面事物開了門，疾病就跟著進來了。從未體驗到負面事物的人也不會生病。

我可以爲他們做些什麼？

傑瑞：對於爲疾病所苦的人，我能爲他們做些什麼？

亞伯拉罕：聽別人的抱怨，並不是幫助他們的方法。以你所知他們想要成爲的模樣來看待他們，便是你能爲他們做的最有意義的事。有時候你必須從他們身邊退開，因爲靠得太近，很難不去聽到他們的抱怨。你可以對他們說：「我了解專注思維的力量，因此當我聽到你談論我知道你不想要的東西時，我必須抽身離開，因爲我不想幫你創造出你不想要的東西。」想辦法讓他們不去想抱怨的事情，想辦法幫助他們把注意力放在正面的地方……盡全力想像他們會康復。

當你想到某個人的同時也能覺得很快樂，你就知道你對這個人會有幫助。當你能不帶憂慮地愛著他人，你才能帶給他們好處。喜歡跟某些人在一起，你就幫了他們大忙。期望其他人能夠成功時，你就給了他們助力。換句話說，當你看到他們的樣子，跟你內在存在看到他們的樣子一樣時，你跟這些人的關係才對他們有益。

我能爲昏迷不醒的人做些什麼？

傑瑞：常聽到別人說：「我有個朋友或家人昏迷不醒。」當所愛的人失去了意識，我們能爲他做些什麼？

亞伯拉罕：你和身邊的人透過振動溝通的機會遠超過用言語溝通，就算所愛的人失去意識，不表示他無法接收到你的溝通。你們甚至可以和那些已經在形式上轉換成所謂「死亡」的人溝通。所以，不要以爲失去意識的人會溝通受阻。

昏迷不醒或失去意識的人，主要是因爲他們想從阻礙自身的匱乏思維中退出，恢復最初的狀態。也就是說，雖然他們意識不到日常生活中的細節，但他們處於一種用振動與內在存在溝通的狀態中。這是一個休養生息的機會，通常也是一個做決定的時刻：他們要決定，是要回到無形的狀態，找回一致的振動頻率，還是要醒來回歸到有形的身體中。就各方面而言，這跟當初降生在有形身體中沒什麼兩樣。

對這樣的人，你能採取的最好態度是：我要你選擇對你最重要的事。不論你如何決定，我都支持你。我無條件地愛你。如果你留下來，我會很高興……如果你要走，我也很高興。選擇對你最好的做法。這就是你能爲他們做的最好的事。

傑瑞：所以，那些昏迷多年的人……他們想要昏迷不醒？

亞伯拉罕：如果過了那麼久的時間，大多數人其實早就決定不要回來了，但有形世界的人無視他們的決定，用機器維持他們的生命，但他們的意識已經離開，再也不會回到有形的身體中。

我會受遺傳疾病影響嗎？

傑瑞：有些人說：「我有偏頭痛，因爲我母親也會偏頭痛。」或「我母親體重過重，我外婆也過重，我的小孩也一樣。」我們會從上一代身上遺傳到生理疾病嗎？

亞伯拉罕：有些思維是你從父母身上學來的，吸引力法則對這些思維的回應，通常就被視爲是遺傳的傾向。然而，你體內的細胞都是會思考的結構，細胞跟你一樣，也會向周遭的細胞學習振動。當你發現你想要的東西，找到讓你覺得快樂的思維，表示你跟內在存在或本源達成一致的振動頻率，體內的細胞就會很快地調整成幸福圓滿的振動頻率，建立起正面的思維。當你和本源享有一致的振動頻率時，體內的細胞就無法發展出會引發疾病的負面傾向。

你的身體是思維的延伸。「被傳染」或「遺傳」而來的負面症狀，得靠負面思維來支撐，長期保持正面的思維，不論父母有什麼樣的疾病，也不會出現在你身上。

傑瑞：如果我聽母親抱怨頭痛的事情，也聽進去了，那我也會開始頭痛嗎？

亞伯拉罕：不論你是聽母親說，還是聽其他人說，你都把注意力放在你不想要的事物上，久而久之，那樣的振幅就會來到你眼前。頭痛表示你抗拒健康，當你的振動頻率牴觸內在存在的圓滿狀態時，就會出現這種症狀。舉例來說，擔心工作或怨恨政府會引起生理症狀，這時你的注意力不需要放在頭痛上，也會覺得頭痛。

傑瑞：如果我聽到母親抱怨頭痛不舒服，我有意識地拒絕，並說：「你有頭痛的問題，但我沒有。」這樣就能保護自己嗎？

亞伯拉罕：說出你想要什麼，總是對你有好處，但當你專注於母親的頭痛時，無法和本來的面目保持一致的振動頻率。提及你想要什麼，卻看著不想要的東西，並不會讓你的振動頻率契合想要的東西。把注意力從你不想要吸引的東西上移開，轉而放在你想要吸引的東西上。你應該關心母親身上令你覺得快樂的地方，或其他讓你覺得快樂的事物。

媒體在傳染疾病中所扮演的角色

傑瑞：近來媒體報導說，民眾可以免費接受流感疫苗的注射。相關報導會影響流感病毒的擴散嗎？

亞伯拉罕：會，流感病毒會因此更加肆虐。在你們今日的環境中，電視發出的負面影響難以估計。當然，在你們的環境中，有人愛看電視，有人不想看電視，若你懂得調整注意力，便能從電視和媒體中獲益。但電視和媒體也帶來扭曲、不平衡的觀點。傳媒到處翻找問題，打上聚光燈，放大問題，用戲劇性的音樂強調問題，然後把問題硬塞到大家的客廳裡，你們看到的問題已經扭曲變形，跟地球上的幸福圓滿完全扯不上邊。

各種醫藥廣告所發出的負面影響非常強大，廣告中不斷重複：「每五個人當中，就有一個人可能得到這種病，那個人或許就是你。」它們影響你發出的思維，然後它們說：「請盡速就醫。」你去看了醫生（別忘了，醫生的目的在於找到問題），現在你的負面期望出現了，或者變得更強了。受到足夠的影響後，這些滲透力強大的思維就會讓你的身體展現出證據。你們的醫學發達到前所未有的程度，但患病的人卻愈來愈多。

別忘了，想要創造，你必須發出思維振動，還有心存期望，然後就能看到成果。傳媒給你看統計數字、告訴你恐怖的故事、激發你的思維，思維帶來刺激，情緒跟著出現：害怕、恐懼……我不要！然後傳媒鼓勵你去檢查身體或打流感疫苗：「很明顯，我們知道疫情很嚴重，不然也不會有免費的疫苗施打。」現在你站在最佳位置，準備好接受流感或它們所說的任何事物的振幅。

你想什麼，就得到什麼，不論你要不要。因此，訓練自己說出關於健康幸福的故事，如此一來，當電視上播出可怕的故事（你不想要的生活）時，你看到他們的版本並不會覺得害怕，反而感到好笑。

及早察覺不愉快的感受

亞伯拉罕：阻礙自己的身體變健康的第一個指標，就是你的負面情緒。負面情緒剛浮現時，你看不見身體出現問題，但一直想著導致你感受到負面情緒的問題，最終一定會引起疾病。

如果你無法察覺到負面情緒，表示振動頻率出了問題，阻礙你得到幸福圓滿，或許你跟大多數人一樣，接受了某種程度的負面情緒，不覺得應該想辦法改善。大多數人即使感覺到負面情緒或壓力，並產生了警覺，卻不知道該怎麼處理才好，因爲他們相信眼前的情況不是自己能夠控制的。既然無法控制這些令人不快的情況，他們也覺得無力改變自己的感受。

我們要你明白，你的情緒是爲了回應你的注意力，在所有的情況下，你都有能力找到能讓你更快樂或更不開心的思維，持續選擇要更快樂，吸引力法則就會持續改善你的體驗。想要享有健康的身體，維持良好的健康，就要及早注意到振動頻率失調的症狀。在情況還很輕微的時候，更容易轉移注意力，若等到吸引力法則回應你長久以來的負面思維時，就來不及了，你只會看到更嚴重的負面結果。

如果你能做決定，不讓負面情緒縈繞不去，同時承認你必須移轉注意力，好讓自己覺得更快樂，而不去要求其他人採取不一樣的行動或改變情況，好讓你變快樂，如此一來，你不但會變得更健康，也會充滿喜悅。喜悅、感激、愛和健康都是同義詞。憎恨、嫉妒、沮喪、憤怒和疾病也是同義詞。

關節炎和阿茲海默症也能夠治癒嗎？

傑瑞：關節炎造成關節扭曲變形，阿茲海默症造成記憶喪失，兩者都能夠治癒嗎？不論患者幾歲都有可能復原？

亞伯拉罕：身體的狀況其實指出你的思維是否達到振動平衡，因此，當你的思維改變，身體指標一定也會跟著改變。有些疾病看似頑固，一直無法改變，那是因爲你的思維也很頑固，不願意改變。

大多數人看到或從其他人身上學到的「事實」，會爲他們帶來不良的思維模式。由於他們堅持那些對自己沒好處的思維模式，就會體驗到那些思維帶來的後果。他們一直在想**不想要**的事物，因此吸引力法則就不會讓**想要**的事物進入他們的體驗，反而只能體驗到不想要的，形成一個惡性循環。然後，他們投入更多注意力在不想要的東西上，結果體驗到更多不想要的東西。

你可以改變所有體驗，但你必須開始用不同的眼光看世界。你必須訴說你想要的故事，而不是照實描述。當你想到或說起某些事情，按著相應產生的感受來選擇思維或對話的方向，就能用心發出好的振動頻率。不論你是否知道自己是振動的存在，吸引力法則會持續回應你發出的振動。

傑瑞：酒精、尼古丁或古柯鹼等化學物質對身體眞的具有負面影響嗎？

亞伯拉罕：振動平衡對身體健康的影響遠超過你攝取進入體內的物質。對你的問題來說，更重要的是，從振動平衡來看，你不應該想要接觸任何會破壞平衡的物質。想要接觸這些物質，幾乎都是因爲振動頻率失調，少有例外。事實上，振動失衡會帶來空虛感，你想要填滿這個空虛，因而引發了濫用這些物質的衝動。

運動和營養是健康的要素？

傑瑞：更好的營養，更多的運動，會讓身體更健康嗎？

亞伯拉罕：你或許已經注意到，對食物和運動更用心的人，身體也比較健康。但有些人花了很多心力在食物和運動上，過了多年的時間，仍無法維持身體健康。因此，你採取的行動絕對比不上你的思維、你的感受、你的振動平衡，或你訴說的故事。

尋找振動平衡時，你花費的精力會帶給你無比美妙的成果。如果你不先去改善振動平衡，採取再多行動都無法彌補失調的能量。和本源達成一致的振動頻率後，你會充滿動力，行動對自己也更有利，但振動失衡時，你的行動就會傷害身體。

傑瑞：我記得二次世界大戰時，英國的領袖邱吉爾說了一段話。他說：「跑不如走，走不如站，站不如坐，坐不如躺。」他嘴裡總叼著一根雪茄。他活了九十歲，而且聽說身體硬朗。但他的生活習慣和我們現今認知的健康方法相去甚遠，難道只靠他的**信念**嗎？

亞伯拉罕：他只活了九十歲嗎？（笑）很多人不知道什麼樣的行爲才算是健康的生活習慣，因爲他們只想到行爲，而不去考慮更重要的因素：你的思維、你感受到的情緒，以及你訴說的故事。

爲什麼健康的人會覺得很累？

傑瑞：如果有個人看似健康，卻一直覺得很累，無精打采的，你們有什麼建議呢？

亞伯拉罕：很多人會把疲憊或無精打采的狀態跟能量不足畫上等號，其實這個說法沒錯。你無法脫離能量來源，所以當你的思維和能量來源牴觸時，就會產生抗拒或能量不足的感覺。你的感受一定跟你與本源的振動契合度有關。

訴說你想要的故事（也就是內在本源永不改變的版本），你會覺得很快樂，充滿了活力。有氣無力的感覺一定是因爲你的故事版本不符合擴展後的本源能量的版本。當你訴說的故事是專注於生命中正面的地方，你就充滿了活力；訴說的故事只提到負面的地方，你就會覺得很無力。看到想要的東西不在目前的體驗中，你會感受到負面的情緒；想像改善後的狀況，你會感受到正面的情緒。你的感受一定能指出你的注意力和眞正想要的東西之間有什麼樣的關係。把思維放在你想要的東西上，就能帶給你無窮的活力。

造成疾病的主因是什麼？

傑瑞：簡單來說，你們認爲造成疾病的主因是什麼？

亞伯拉罕：生病是因爲你把思維放在不想要的事物上，感受到負面情緒，卻加以忽略，然後你繼續把注意力放在不想要的事物上，負面情緒因此變得更強烈，而你繼續忽略它，繼續注意不想要的……最後，根據吸引力法則，你會吸引來更多負面的思維和體驗。忽視頻率失調早期的徵兆，也就是負面的情緒，就會讓你生病。

如果你感受到負面情緒，卻不改變思維來釋放負面情緒帶來的不適，負面情緒一定會變得更嚴重，最後變成生理上的感受，造成健康惡化。然而，疾病只是振動的指標，一旦改變了振動，指標也會變化，符合新的振動。疾病只是生理上的指標，指出你的能量失衡了。

我們解釋說，病痛的成因是吸引力法則回應思維的結果，但很多體驗到病痛的人不同意這樣的說法，他們抗議說，自己從沒想過會罹患那樣特殊的病症。但生病並不是因爲你想著那樣的症狀或某樣病症。疾病是負面情緒的放大指標，一開始的細微症狀是負面情緒，負面想法揮之不去，負面情緒就變得更嚴重。那就是爲什麼新的疾病不斷冒出來。除非你面對疾病的眞正成因，否則永無痊癒的一天。

你的身體有可能產生各種疾病，也有可能享受完美的健康狀態，你可以選擇前者，也可以選擇後者，或者兩者同時出現，就看你的思維平衡程度。

傑瑞：換句話說，從你們的觀點來看，疾病的成因跟生理無關？都是思維？

亞伯拉罕：我們知道你想解釋成因，亟欲證明行動或行爲的價值。當你解釋水從哪裡來時，你說水龍頭是源頭。沒錯。但「水從哪裡來」的故事不僅限於水龍頭，還有很多要解釋。同樣地，健康或疾病的來源也不是三言兩語就能解釋清楚。感受到舒適或不快都是思維平衡的症狀，正如水往下流，思維的平衡也會透過抗拒最少的路徑展現出來。

關於身體健康的「舊版」故事

我注意到身體出現了一些症狀，不禁開始擔心。年紀大了，身體不如以往強壯、平穩、健康。我很擔心自己的健康會走下坡。我想好好照顧自己，可是我不覺得有什麼效果。我猜年紀大了，健康自然也會變差。我父母親就是這樣，所以我也很擔心自己的健康。

關於身體健康的「新版」故事

我的身體會回應我對身體的思維，和所有我想到的東西。思維的感受愈好，個人健康的程度也愈好。

我的感受、長期的思維，以及我想到某些思維時的感受，它們之間有絕對的關聯，我很高興我能明白這一點。我也很高興我能明白，那些感受是爲了幫助我選擇感受更好的思維，製造出更快樂的振動，身體也會變得更健康。我的身體對我的思維非常敏感，我很高興我了解這一點。

我更懂得如何選擇思維。不論身處什麼樣的情況，我都有能力改變。我的健康狀況就是指標，指出長期思維的狀態。健康和思維都在我的掌控中。

人的身體實在太奇妙了，能從一團細胞變成完全成熟的個體。看到身體不需要意識的指引就能達成這麼多重要的功能，以及人體的穩定度和細胞的智慧，實在令人稱奇。

眞好，我不需要刻意維持體內血液或氧氣的流動。眞好，我的身體知道該怎麼做某件事，而且做得很好。人體整個來說眞令人驚奇：有智慧、有彈性、有耐力、自癒力、看得見、聽得見、聞得到、能分辨味道、有觸覺。

我的身體爲我效力。我喜歡透過身體探索生命。我充滿活力，肢體柔軟，感覺很不錯。我喜歡用身體去體驗生命。

能用眼睛看這個世界，多麼美好！看遠看近，分辨形狀和顏色，敏銳地察覺到深度和距離。我也享受聽覺、嗅覺、味覺和觸覺。我喜歡這些感受，喜歡美妙的生活。

看著傷口上覆蓋了新生的皮膚，看著創傷後身體復原的方式，身體的自癒力令我讚嘆。

我能清楚察覺到身體的柔軟度、手指的靈活度和想做什麼事時肌肉的立即反應。

眞好，我了解身體知道如何保持良好的狀態，一直朝著健康前進，只要我不以負面思維形成阻礙，一定能常保健康。

眞好，我明白情緒的價值，也知道我有能力達到和維護身體的健康，因爲我找得到快樂的思維，也能保持下去。

不論何時，就算身體不在最佳狀態，我也能察覺到還有更多部位保持著原有的功能，我一心只想著健康。

最重要的是，我的身體會快速回應我的意念。我喜歡探索身心靈的連結，以及用心符合振動頻率後帶來的強大力量。

我喜歡用身體體驗生命。我渴求這樣的體驗。我覺得很快樂。

訴說新版的故事，沒有對或錯的方法。過去、現在、未來的體驗都可以加到故事裡。唯一重要的準則是你的意念，你想說一個讓自己更快樂、內容更美好的故事。在一天的生活中，訴說更多讓你感到快樂的小故事，改變你所發出的吸引力。別忘了，你說的故事，會為你的生活奠定基礎。所以你的故事，應該符合你的願望。

［第四部］

健康、體重與心智

Perspective of Health, Weight, and Mind

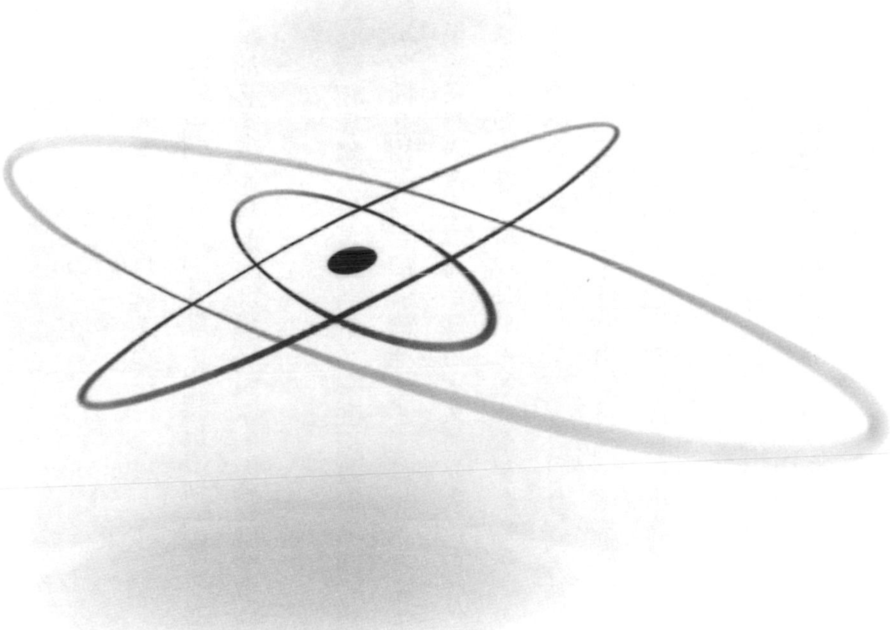

我想要有健康的身體

讓身體的振動頻率和本源達成一致極爲有益，因爲：

一、身體是大家最常關注的焦點，你去到哪裡，身體也跟到哪裡。

二、所有的看法或思維都必須透過有形的身體來傳達，你對每項事物的態度都會受到身體感受的影響。

科學和醫學昧於承認心智和身體、思考和結果、態度和效益之間的關聯性，因此對於自己的身體，大多數人都被各種互相矛盾的指引給洗腦了。但如果對身體的理解是建立在錯誤的基礎上，用再多方法、藥劑和療法都無法達到永久的效果。由於信念、願望、期望各有不同，以及早期和目前的各種影響，所以每個人的能量契合程度也有所差別，難怪沒有「每次都有效」的療法，也難怪大多數人不知道該怎麼看待自己的身體。

你試著去收集並整理其他人的身體發生了什麼事的資訊，卻不利用自己的**情緒引導系統**去了解你目前的振動頻率是否和能量相契，這麼做就像在甲地看乙地的地圖：地圖上的資訊和你目前所處的位置毫無關係。

你得到很多資訊，但那些資訊和我們所了解的知識互相矛盾，也牴觸宇宙法則。因此，我們很高興能有這個機會，討論你和你的身體在更廣大的世界中扮演什麼樣的角色。

我們要幫助你明白如何變得更健康，體魄強健，擁有你想要的外表（身心靈都非常健康），而且當你用心專注思維，和內在存在的思維達成一致，你的身體就會展現出頻率一致的證據。

我想要平衡我的願望和體驗

只想著有形的存在，從有形的角度來採取行動，這麼做無法讓你的身體進入最完美的健康狀態。若不能明白有形的你以及內在的你，你的領悟或控制能力就無法持久。換句話說，或許你覺得要有感受良好、好看的身體，你就要注意飲食攝取並多做運動，但事實上，有形存在和無形存在之間的振動頻率是否相符，才是重點。

一旦你接納了個人完整的存在，把振動平衡擺在第一位，你就已經踏出了第一步，朝著想要的健康狀態前進。但如果你用其他人的狀況、其他人的體驗和其他人的意見來衡量你的健康，你就無法控制個人的身體狀況。也就是說，如果你努力想要達成的健康標準，是透過和其他人的體驗比較而來，而不是爲了努力達成有形的你和無形的你之間的振動平衡，那麼你就永遠找不到掌控個人健康狀況的方法。

不需要拿自己的身體跟別人的身體比較

我們想幫助你了解，沒有任何存在的狀態可以稱得上標準，或者是最多人想要的，因為身體狀態有很多種，在你進入有形的身體時，你就做出了選擇。如果每個人都想要跟別人一樣，那麼大家就會長得一個樣兒。但是你並不想跟別人一樣。人來到世界上，高矮胖瘦各有不同，柔軟度和靈活度也不一樣。有些人比較強壯，有些比較敏捷……什麼樣的人都有，各種不同的差異對人類整體來說非常有益。人類的多樣化讓這個時空有了平衡。

因此，我們要鼓勵你：與其看著自己，發現自己缺乏這種或那種特質，不如讓我們幫助你看向你的優勢。也就是說，當你在評估或分析自己的身體時，尋找對你和對**一切萬有**的平衡具有益處的優點。

傑瑞：我記得我以前在馬戲團的時候，常在高空鞦韆上練習，但我太重了，無法當那個需要被接住的空中飛人，而當個需要接住別人的空中捕手，我又顯得太單薄。所以高空鞦韆並不是適合我的地方。不過我還是可以擔任高空特技演員，我的道具是空中飛桿，沒人得接住我，我也不用接住別人。我不覺得匱乏，因為我不期望自己改變體型。我找到了我喜歡做的事，跟其他的表演角色感覺差不多。

亞伯拉罕：很好，非常好。

在我眼中，我已經很完美了

傑瑞：我們可以用同樣的方式看待體重、心智能力和個人才能嗎？是否每個人都可以把自己看成是完美的人？

亞伯拉罕：我們並不鼓勵你看著當前的狀態，然後宣稱自己「很完美」，因爲你總會努力超越現狀。但在目前的體驗中，找到令你覺得快樂的地方，把注意力投注在上面，你的振動頻率就能契合內在存在，因爲內在存在一定處於圓滿的狀態。我們鼓勵你去感受，看看你對身體的思維，以及內在存在對你的身體的思維，兩者是否契合。不要只想讓你的身體狀況變得和周圍的人一樣。

抗拒不想要的，反而吸引更多不想要的

亞伯拉罕：當你明白你的創造必須透過思維，而不是行動時，要達成願望，就有事半功倍之效。不需要掙扎，就有更多樂趣。在睡眠以外的時間，你不斷思考，養成習慣，發出讓你覺得快樂的正面思維，對你非常有益。

你誕生後進入的社會不斷警告你要去對抗不想要的東西，隨著時間經過，大多數人都變得很謹慎。你們「反毒」、「反愛滋」和「抗癌」。你們每個人都相信，要得到你**想要**的，就必須打敗你**不想要**的，因此你全心全意對抗不想要的東西。如果你像我們一樣明白吸引力法則，如果你了解你是靠著思維來吸引其他事物，你就會明白，大多數人的做法其實是朝反方向走。

你說：「我病了，我不想生病，所以我要戰勝病魔。我要採取行動，我會打敗病魔。」其實，你是採取了謹慎防衛的姿態，還有負面的情緒，而這麼做只會讓疾病繼續纏身。

關注匱乏，吸引更多匱乏

亞伯拉罕：所有事物都具有兩個面向：一面是你想要的，另一面則是匱乏。說到你的身體，既然你所有的思維都是透過有形身體的看法來篩選，如果身體的感受跟你想要的不一樣，或者外觀跟你想要的不一樣，那麼你的思維很自然地就會偏向匱乏的那一端。

從匱乏的角度來看待事物，你只會吸引到更多的匱乏，這就是爲什麼大多數的減肥飲食法都沒有成效：你注意到你的脂肪，你注意到你的外觀和願望不符，情況愈來愈糟糕，你無法忍受了（或許是自己的看法，或許是受到別人責備），然後你說：「我不想繼續留在這個負面的地方。我要節食，我要拋掉所有不想要的東西。」但是，你的注意力仍然放在你不想要的東西上，所以這些東西也一直留在你的體驗中。要達成你的目標，就要把注意力都放在你想要的事物上，不去注意你不想要的東西。

種下懼怕的種子，長出更多懼怕

傑瑞：我有一個很好的朋友，他在生意上給我很多建言。這位好友自願參加一項醫學研究。他說雖然他的健康狀況良好，但如果對別人有益，他就願意參加研究，因為很多跟他同齡的人都死於某種疾病。結果，才不到幾個星期，他就告訴大家，他被診斷出得了那種病。現在他已經脫離了有形的身體。他似乎對疾病無懼。難道只因為他把注意力放在疾病上，就讓自己生病了嗎？

亞伯拉罕：他之所以生病，是因為他對疾病的關注，也可以說是他想造福其他人的意念。因此，他讓研究人員檢查他的身體。在檢查的過程中，他從其他人身上接收到足夠的思維刺激，察覺到罹病的可能性。除了可能性之外，還有機率。研究人員種下了機率的種子，接著，在用儀器探查的過程中，思維的平衡改變了，他的身體也跟著回應。

你提供的例子非常好。他注意到這種疾病，疾病才會進入他的身體；把注意力放在疾病上，身體也會回應。

健康或者生病，都由你決定。你選擇的思維決定你有什麼樣的體驗，以及體驗有多深刻。

關注疾病，一定會吸引疾病嗎？

傑瑞：我們對待跟疾病有關的思維該有多認眞？舉例來說，有人在看電視時，得知他可以免費去檢查某個身體部位，萬一他說：「哦，好吧，我去做個檢查好了。我覺得自己沒事，但如果是免費的話，何不去一趟？」這會產生什麼樣的結果？你們不是說，激發了思維，最後會得到不想要的結果。

亞伯拉罕：沒錯。由於人類社會對疾病的關注，各種疾病才得以肆虐。人類的醫學技術很先進，你們有各種工具，還有很多發明，但今日病重的人卻比以前更多。重症如此普遍，主要就是因爲你們放太多注意力在疾病上。

你問：「該有多認眞？」我們說，你很在意自己的食衣住行，卻不太注意你在想什麼。我們鼓勵你去關注自己在想什麼。把思維放在跟你想要的東西能保持和諧的那一邊。想著健康，而不是缺乏健康。想著你要什麼，而不是缺乏你要的。

疾病並非只因爲你對它的負面注意力所以就出現了。你之所以生病，是因爲你覺得自己無力抵抗，只能採取防衛的姿態。訓練你對所有事物的思維（不只是身體健康），把思維導向你想要的事物，改善情緒狀態後，身體一定能保持健康。

我的注意力是否放在圓滿健康的感受上？

傑瑞：有個好友最近正在改建自宅，好讓健康惡化的婆婆搬來一塊兒住。她婆婆喋喋不休，一直說自己的健康有多糟糕，人生有多不快樂，還有這次手術跟上次手術的經過。

我這位朋友的母親高齡八十五歲，趁著假日到她家拜訪。她母親一生從未住過院，結果在她家和口中不斷提到疾病的婆婆共住一個星期後，健康狀況急速衰退。他母親後來進了療養院。光是幾天負面的影響，就有可能讓一個人的健康惡化到這種地步嗎？

亞伯拉罕：生病或健康，都看你的決定。不論你的注意力放在哪裡，都會開始在心中形成思維的振動，並將之展現出來。不要輕忽思維的力量。

很多人認爲，人活到八十五歲，身體應該已經接收了不少負面的影響。健康惡化的思維不斷攻擊你：你需要買醫療保險、需要買喪葬保險、需要立下遺囑、需要面對死亡等等。你朋友的母親在碰到親家母之前，健康狀況早就受過負面的影響。

既然她已經開始動搖，對自身的健康有些不確定，親家母又喋喋不休地抱怨，結果她的思維就失衡了，負面的症狀立刻出現。然後，因爲她把注意力放在個人負面的症狀上，在那緊張的環境中，症狀會惡化得更快。

當某個人進入你的體驗，激發你的思維，讓你只想到疾病，忘記健康，而一旦想到缺乏圓滿，忘記原本的圓滿，你會覺得很脆弱，必須想辦法保護自己，甚至你會感到憤怒，而你體內的細胞就會回應那失調的思維。是的，不消幾個星期、幾天，甚至幾小時，負面的過程就會開始。所有的體驗都是你心中思維帶來的結果，沒有例外。

他人的身體狀況不會成爲我的體驗

亞伯拉罕：你看得到周遭的證據，通常有形的證據看起來比思維更眞實。你對我們說：「亞伯拉罕，那的確很眞實，不只是腦中的思維而已。」彷彿那的確很眞實的事情和思維是兩件截然不同的事。

但我們要你記得，宇宙不會分辨你想的是當前的事件，還是想像的事件。宇宙和吸引力法則只會回應你的思維，不管是眞實還是想像的，是現在還是回憶，都一視同仁。你所看到的證據，都是某個人思維的彰顯，別人透過思維創造的事物，不應該會讓你覺得害怕或擔憂。

所有的狀況都可以改變。生理退化的狀況再怎麼糟糕，還是能期待健康。但你一定要了解吸引力法則，以及情緒帶來的引導，並願意用心把注意力放在讓你覺得快樂的事物上。如果你知道身體會回應你的思維，如果你能夠把思維專注於你想要的地方，你整個人就會很健康。

如何才能讓大家都保持健康？

傑瑞：那麼，要維持或恢復健康，該怎麼做才好？或者我應該要帶動周圍的人，一起達到最佳的健康狀態？

亞伯拉罕：事實上，恢復健康和維持健康的方法都一樣：把注意力放在讓你覺得快樂的事物上。恢復和維持之間最大的差別，就是相較於健康已經惡化的情況，當你覺得狀態不錯時，比較容易想到讓你覺得快樂的思維。所以維持健康比恢復健康來得容易。要影響其他人，讓他們也享有健康，最好的方法就是你要健康地生活。要影響他人讓他們生病，最好的方法就是讓自己先生病。

我們知道，如果你不喜歡自己現在的處境，要你去找到令你感覺更快樂的思維，聽起來是把問題過度簡化了。但我們向你保證，如果你用心選擇令你更快樂的思維，下定決心要改變你的感受，你就會看到眼前的問題立刻出現了好的轉變。

放鬆睡一覺，進入健康的狀態

亞伯拉罕：你天生的狀態應該就是絕對的健康，不需要對抗疾病。只要放鬆，就能享有健康。今天晚上上床睡覺時，在準備進入夢鄉前，感受身體下面的床鋪有多麼舒適。感覺床鋪的寬敞。感覺脖子下方的枕頭。注意棉被布料在皮膚上的感受。把注意力放在讓你覺得快樂的地方，因爲只要你一想到讓自己覺得快樂的事物，就切斷了引發疾病的因素。

不論什麼時刻，一想到令你快樂的事物，疾病就無法繼續惡化。每次一想到疾病，就等於把木柴丟到火裡，只是火上加油。

如果你能夠把思維專注於讓你覺得快樂的事物上，持續五秒鐘，在那五秒鐘的時間裡，你的疾病就不會受到刺激。能持續十秒的話，表示在那十秒鐘以內你的疾病不會受到任何刺激。想想你現在的感受有多麼快樂，想到你天生下來就該享受健康，這麼做等於爲自己的健康增添燃料。

負面情緒表示我有不健康的思維？

亞伯拉罕：想到疾病時，你會感受到強烈的負面情緒，因爲和疾病相關的思維牴觸了更寬廣的認知，表示你和**本來的面目**無法產生共鳴。你可能會感到擔憂、憤怒或恐懼等等負面情緒，表示你完全阻礙了內在存在和本來面目之間的能量流動。

若你能夠讓無形的能量從內在存在順暢流出，你就能享受健康。因此，當你心裡想著我很健康、我變健康了、我很健全、健康是我天生的狀態，這一類的思維振動和你的內在存在保持和諧，來自內在存在的思維能量所帶來的益處，就能全盤爲你所接收。

所有的思維都會發出振動。因此，把注意力放在讓你覺得快樂的思維上，吸引更多更多更多令你快樂的思維……直到你的振動頻率提升到讓你的內在存在可以完全引導著你。你就會進入幸福圓滿的境地，你的身體也會跟上。這是我們的承諾，不要懷疑。

你會看見身體復原的狀況出現戲劇性的轉變，這就是法則。

我能控制自己的身體到什麼程度？

傑瑞：這一部的主題是「健康、體重與心智」，很多人擔心自己的體重，以及生理和心理健康：**我要怎麼達成？又要如何維護？**我明白為什麼大家會這麼擔心，因為現代人太重視健康問題了。

我小時候很幸運，不知道為什麼我發現我可以控制自己的身體。我記得大概九歲的時候，我去參加一場市集嘉年華，那裡有兩名專業拳擊手等著大家去挑戰。去參加市集的農民如果有心挑戰，付了錢就可以上場跟他們對打，要是能打贏專業拳擊手，就可以贏錢。不過挑戰的農民都被打敗了……

我記得當時我站在那個用煤油燈照明的帆布帳棚裡，看到搖曳的燈光照在專業拳擊手汗濕的背上。他們有壯碩的背肌，令我著迷不已，我自己的背脊比較像我們阿肯色州的吉祥物：刃背豬，沒有任何肌肉。我看著他們漂亮的背肌，覺得很賞心悅目。那天所見令我發出要求，過了八年後，我自己也練出了同樣的背肌。那次的體驗告訴我，我可以創造自己的身體。

小時候我常生病，因此我學會了用某種方式控制自己的健康。我看過幾個醫生，但他們的診斷和治療方法都不太適合我。我很快就明白，或許我最好不要去看醫生，因為我找不到我能信任的醫生。他們都無法以正確的方法來幫助我，因此我決定自己的身體自己處理就行了。

我不太在意身體會出現什麼障礙，也不去想未來會怎樣。但我想問的是，我以後也能繼續維持這種理想的體重、健康和心智狀態嗎？我覺得我已經很滿意了，但我仍不時思索，我能不能永久保持下去呢？因此，我想聽聽你們的說法。

亞伯拉罕：我們很欣賞你描述自身體驗的用詞，因爲你的身體和心智會永遠保持連結。你的身體會一直回應你的思維，事實上，只會回應你的思維而已。你的身體是思考方式的純粹反應。再沒有其他因素能像你的思維般影響你的身體。能在那個年紀就向自己證明你能控制你的身體，非常好。

能夠有意識地了解到你所想的和你所得到的之間有絕對的連結，那麼不論如何，你都能控制自身的體驗。如果你希望得到你想要的東西，你必須明白主控權早已握在你手上，你只要用心思考你想要體驗的事物。

想到自己的脆弱總會帶來不開心的感受，因爲你不想要脆弱無助。利用內心的引導，選擇讓你快樂的思維，便無須擔心年紀逐漸老去。眞的，只要下個決定就好：我知道只有我能控制我的身體，控制權屬於我自己。我明白，我的思維造就了我的人。

從你出生那天開始，你就擁有知識（並非希望或期望，而是深刻的了解），知道你的一切都來自絕對的自由，你要尋找喜悅，而人生體驗的結果就是成長。你也知道你很完美，並且想要尋求更多的完美。

我們能否有意識地生出新的肌肉和骨骼？

傑瑞：小時候我有意識地、用心地讓我的身體長出了新的肌肉，因爲我想要肌肉，但是，我們能否有意識地影響骨骼的生長？

亞伯拉罕：可以，方法也一樣。差別在於，你已經擁有自己能鍛鍊出肌肉的信念，但是你目前並沒有掌控骨骼生長的信念。

傑瑞：對，我看到拳擊手的肌肉很發達，自己也想要。由於還有很多人也鍛鍊出肌肉，所以我相信我也可以。但我還沒看過有誰讓骨骼生長出來。

亞伯拉罕：現在，在你們的社會中，很多事情無法改變，是因爲大多數人只把注意力放在現狀上。若要看到改變，眼光必須超越現狀。

如果你必須看到證據，才願意相信某件事會發生，你的改變速度就慢了下來，因爲那表示你要等到有人先去創造了，你才會相信。但是，當你了解宇宙和吸引力法則會公平地回應你想像的想法和眞實的想法時，你就能更快地前進，創造出新的事物，不需要等別人先創造出來。

傑瑞：所以，挑戰在於當個「開創者」，也就是第一個出線的人。

亞伯拉罕：宇宙前緣的這個時空中，有願景和期望，那也是最充滿喜悅的地方。心中有了願望，且沒有任何懷疑，就是最令人滿意的體驗。想要某樣東西，卻認爲自己無力達成，一定會讓你覺得不快樂。只要想著你的願望，不要以懷疑或不信任來牴觸願望，宇宙馬上就會回應你的願望，而你立刻就能感受到專注意念的力量。但那種「純粹」的思維需要練習，你必須花更少的時間去觀察現狀，花更多時間想像你要體驗的事物。爲了訴說更美好的人生故事，你必須花時間思考，說出你想要的體驗。

每天花一點時間想像你想要的生活，就是威力最強大的事情，超越所有的行動。我們鼓勵你每天找一個安靜無人的地方，閉上眼睛，用十五分鐘的時間想像你想要的身體、環境、人際關係和生活。

已經發生的事和即將發生的事一點關係也沒有，其他人的體驗和你的體驗也沒有關係……你必須找到方法將自己抽離，離開過去，離開其他人，你才能變成你想要的樣子。

萬一個人的信念和願望衝突呢？

傑瑞：人類已經跑了好幾千年，但從來沒有人能以四分鐘的時間跑完一哩路。直到羅傑・班尼斯特（Roger Bannister）的出現，他做到了。而在他之後，很多人也跑出了「四分鐘一哩」的紀錄。

亞伯拉罕：有些人不願意接受別人做不到的事他們也做不到這樣的說法，於是他們對其他人就產生無比價值，因爲一旦他們能夠突破並做出創造，其他人就會看見，很快地也會跟著產生信念或期望。因此，你所做的每一件事對你的社會都非常有意義。

生命不斷延續，你們的舞台也跟著擴展，每個人都過得愈來愈好。然而，我們要你超越「眼見爲憑」的習慣。我們要你明白：**只要你相信，你就會看見**。所有在心中反覆出現的想法，一定都會在你眼前彰顯爲實際成果。這就是法則。

你不需要等別人成就某件事並證明可行之後，你才能去做。當你明白這一點，你會感受到無比輕鬆。練習新的思維，找到更好的情緒，然後看著宇宙提供的證據，你就知道你擁有什麼樣的力量。如果某個人告訴你，你患了不治之症，你可以很有自信地說：「我的生活由我決定，因爲我的體驗由我創造。」如果你的願望夠強，就會壓倒負面的信念，你也會很快復原。

有一個故事是這麼說的：一位母親看到孩子被壓在重物底下，這個重物比她能搬起最重的東西還要重上好幾倍，但她要救孩子的願望非常強大，便把重物抬起來了。在一般的情況下，她沒辦法抬起那麼重的東西，但當願望如此強大時，她平常的信念暫時失去了效用。如果你問她：「你相信你能抬起那個重物嗎？」她會回答說：「當然不相信，我連一只皮箱都提不動。」但信念跟這件事無關，孩子的性命岌岌可危，她想要救出孩子，所以她做到了。

假設我相信有危險的病菌呢？

傑瑞：我真的很想要健康，但我也相信我可能會生病。結果每次去醫院探病時，走在醫院走廊上的時候我都會屏住呼吸，避免病菌進入身體。

亞伯拉罕：你去探病時一定都匆匆忙忙的。（笑）

傑瑞：的確很匆忙，我還會一直走到窗戶旁邊呼吸新鮮空氣……要是我相信屏住呼吸就能避開病菌，這樣的信念能讓我不生病嗎？

亞伯拉罕：你的方法很怪，但是你能維持振動平衡。你想要健康，你相信病菌會讓你生病，你相信避開病菌的行為能夠防止病症，因此你達到了對你有效的平衡。然而，你選的這條路比較難走。

如果你眞的能夠好好聆聽你的引導系統，你就不會進入一個你認為可能含有病菌並危害健康的環境。走進醫院時感到的恐懼，表示你在達成一致的振動頻率前就先採取行動。你可以乾脆不要去醫院，但你又覺得不自在，因為你知道住院的朋友很希望你去看他。所以你要找到一個去探病又能不感到害怕的方法。那就是我們說的，先找到一致的振動頻率，然後才採取行動（去醫院探病）。只要你對自己的健康充滿了信念，或想要健康的願望變得非常強烈，到了任何環境中，都不會覺得健康受到威脅。

當你的振動頻率符合**本來的面目**，同時你也願意傾聽強大的引導系統，你就再也不會進入可能受到威脅的地方。可惜的是，很多人為了討好其他人，否決了自己的引導系統。假設有兩個人一起走進入了醫院，其中一個人完全沒感覺到健康受到威脅，另一個人則擔驚受怕。第一個人不會生病，第二個人則可能會生病，而他之所以生病並不是因為醫院裡的病菌，而是個人的振動和所感受到的健康之間失去平衡。

我們並不想改變你的信念，因為你的信念並沒有什麼不妥。我們想要讓你察覺到你的情緒引導系統，以便讓你的願望和信念達成振動平衡。做「正確」的事，表示做那件事跟你的意念及當前的信念都沒有衝突。

傑瑞：那麼膽怯懦弱也沒什麼錯嗎？

亞伯拉罕：很多人想要討好他人，忽略了自己的引導系統；也有很多人會指責你自私或懦弱，因爲你膽敢討好自己，而不去討好別人。通常別人會說你自私（因爲你不願意屈服於他們的自私念頭），卻沒發現自己的要求才眞的虛僞。

有時候別人控訴我們教導**自私**的觀念，我們不得不承認這種說法沒錯。你要是不自私，先照顧好自己的振動，讓自己跟本源保持一致，就沒有東西可以貢獻給其他人了。責怪你自私或懦弱的人，他們的振動很明顯也已經失調了，調整你的行爲並無法讓他們恢復平衡。

不斷思索和討論自己的健康問題，身體健康的振動模式會變得更難改變，吸引力法則帶到你身邊的事物也會增強和鞏固你的負面信念。你愈常訴說健康的故事，就愈不會感到病弱，你所發出的吸引力也會改變，周圍的情況也會變得不一樣，你對情況的感受也會有所改變。

引導我朝向喜歡的事物前進

亞伯拉罕：通往你想要的生活，只有一條路，就是抗拒最少、隨順最多的路：讓你自己連結到**本源**、連結到你的**內在存在**、連結到你**本來的面目**，連結到所有你想要的東西。感受到良好的情緒，表示你進入了隨順的境界。如果你把快樂的感受放在生命的第一優先，每次你的對話無法和你想要的健康契合時，你就會覺得不快樂，然後你會警覺到自己出現了抗拒……你可以選擇讓你更快樂的思維，立刻轉回正道。

一感受到負面情緒，表示引導系統要幫助你了解，在這個時刻，你正發出抗拒的思維，妨礙流向你的健康。引導系統彷彿在說：你看，你又來了，你又來了。負面情緒表示**你正在吸引你不想要的東西**。

很多人忍受負面情緒，忽略引導系統，因此無法從更廣的角度看事情，享受引導的好處。但要是人生體驗讓你發覺你想要某樣東西，那麼當你看到相反的事物，或想到自己沒有這樣東西，一定會帶來負面的情緒。願望一旦產生，要覺得快樂，就必須想著你的願望。因爲，生命已經讓你發出要求，你無法回頭。如果你的願望是健康，或某種特殊的身體狀態，要是你把注意力放在兩者的匱乏上，一定會感受到負面情緒。

感受到負面情緒時，停下手邊的工作或腦海中的思緒，對自己說：「我到底想要什麼？」然後，由於你把注意力轉移到你確實想要的東西上，負面的感覺就會被正面的感覺取代，負面的吸引力也會被正面的吸引力取代，你就回到了正軌上。

首先，我必須願意讓自己快樂

亞伯拉罕：如果你的思維一直朝著某個方向，過了一段時間後，就很難突然改變思維的方向，因爲吸引力法則會支持你，持續提供符合你當前思維的證據。有時候你脫離不了負面的感覺，而當另一個人的感覺跟你不一樣，不同意你對目前事物的負面看法時，只會讓你更想要去捍衛自己的立場。想要捍衛自己的意見或找出正當的理由，只會讓你繼續留在抗拒的狀態中。很多人之所以停留在抗拒的狀態中，只因爲他們覺得行事「正確」比感覺快樂更加重要。

這些人下定決心要說服你他們沒錯，爲了說服你，持續和你進行負面的對話，如果你不聽他們的話，最後也不同意他們的觀點，你會被掛上「不關心」或「鐵石心腸」的標籤。當你失去了良好的感覺，想要去討好這些具有負面想法的人（他們希望你附和他們），要付出的代價可不小，而且對他們也沒有任何幫助。你覺得肚子裡打了個結，那就是內在存在對你說：這樣的行爲、這樣的對話，都牴觸你想要的東西。你必須先讓自己快樂，否則周遭的負面看法只會讓你無所適從。

死亡有適當的時間嗎？

傑瑞：我們對身體狀況的控制是否有年齡上限？

亞伯拉罕：思維受限的話，身體才會受限。這些限制都是你自己加上去的。

傑瑞：死亡有時間表嗎？如果有的話，什麼時候？

亞伯拉罕：無形的你永遠存在，所以事實上沒有「死亡」。你的意識一直在這個你定義爲**你**的有形身體內流動，但那流動總有一天會停下來。

何時要從有形的身體中退出，那是你的決定。如果你學會把注意力放在讓你覺得快樂的事物上，繼續在這個環境中尋找讓你開心或產生興趣的事物，你把注意力放在有形身體上的時間就永遠沒有終點。但當你把注意力放在負面的事物上，慢慢縮減你和本源能量的連結，有形的體驗就會縮短，因爲你的身體得不到本源能量的補給，無法長久維持下去。負面情緒是一個訊號，表示你切斷了本源能量的補給。保持快樂，才能安享長壽。

死亡一定是某種形式的自殺嗎？

傑瑞：那麼，死亡一定是某種形式的自殺嗎？

亞伯拉罕：那是一種說法。既然你體驗到的所有事物，都是因著思維而來，其他人都無法給你思維或提供你振動，所以發生在你體驗中的事物都是你自行施加的，包括你所謂的死亡。大多數人並非決定要死，只是決定不想繼續活下去了。

傑瑞：對於那些決定要死，採取我們所謂「自殺」行動的人，你們有什麼看法？

亞伯拉罕：你的思維或許是來自你用心選擇要關注的事物，或許是你閒來無事觀察某件事物時想到的，但兩者沒有差別，因爲那都是你的思維，你發出了振動，並收割那思維彰顯的成果。所以，不論有心與否，你都一直在創造自己的實相。

有些人因著很多不同的原因想要控制你的行爲，甚至希望能控制與你個人體驗有關的思維，但他們一定會覺得很挫折，因爲他們無法控制其他人，即使想要控制也只是屢試屢敗。因此，看到有些人透過「自殺」的方法終止有形的身體體驗，這種行爲或許就會讓很多人覺得不舒服。但我們要你明白，就算你「自殺」，你的存在也不會終止，或許你故意「自殺」來離開有形的身體體驗，或許你不是故意的，但你會成爲永恆的存在，回顧你拋下的有形身體體驗時，會充滿愛和渴望。

有些人活在這個有形世界裡，心中充滿了恨意，長期下來慢慢脫離了本源和幸福圓滿狀態，最後走向死亡。有些人就是找不到覺得有趣的事情去集中注意力，轉而關注無形的世界，這就是他們死亡的原因。也有人不明白能量、思維和契合的頻率，費盡心力想要找到快樂的感覺，卻找不到方法停止長久累積下來的痛苦，最後選擇回到無形的世界。不論你是哪一種，你都是永恆的存在，一旦把注意力置於無形的世界，你就會變得完整，感到煥然一新，跟本來的面目完全契合。

傑瑞：所以，每個人或多或少都能選擇在每段人生體驗中要活多久時間？

亞伯拉罕：你來到這個世界上，是爲了生活和喜悅地擴展。忽略你的引導系統，繼續尋找切斷自身跟本源連結的思維，你和提供補給的本源能量漸行漸遠，少了本源的支持，你就失去了生命力。

要怎麼管理體重？

傑瑞：有些人想要控制自己的體重，你們會建議他們怎麼做呢？

亞伯拉罕：關於這個主題，有很多不同的信念。眾人試過的方法不勝枚舉，但大多數有體重問題的人，在試過這麼多方法以後，卻不見任何持久的成效。因此，他們的信念是他們無法控制體重，所以他們就眞的無法控制體重。

我們鼓勵你想像自己想變成的樣子，你眼中看到的自己就是那個樣子，如此才能吸引你想要的外型。一旦你看見的自己是想像中的模樣，別人的想法和肯定，所有的環境和事件，都會互相效力，助你實現你的想像。

如果你覺得自己很胖，你吸引不到苗條。如果你覺得自己很窮，你吸引不到富足。你的樣子，也就是你感覺到的存在狀態，就是吸引的基礎。這就是爲什麼「好會更好，糟會更糟」。

某件事帶給你非常負面的感受時，不要急著想要下定論並立刻尋找解決辦法，因爲負面的注意力只會讓這件事變得更糟糕。先轉移自己的注意力，等你變得快樂後，再從正面的角度來看待這件事情。

傑瑞：很多人吃「超級減肥餐」，一下子掉了不少體重，然後又胖回來，原因就是你們剛才說的嗎？**願望很強烈，但沒有信念**，從自己眼中看出去，看不到自己很苗條，他們還是看見肥胖的自己，對嗎？

亞伯拉罕：他們想要食物，但他們相信食物會讓自己變胖。當他們想到自己不想要的東西時，在信念中，他們創造出自己不想要的東西。那是一條很辛苦的路。減重後又快速胖回來，最主要的原因是他們永遠得不到自己想要的自我形象。他們一直覺得自己很胖。一直把自己想成胖子，拋不下那個形象……你的身體會回應你的自我形象，沒有例外。所以，如果你覺得自己很健康，你就很健康。如果你覺得自己很苗條，或者你想要肌肉、想要不同的體型或體重，你就能變成那個樣子。

我能想吃什麼就吃什麼嗎？

亞伯拉罕：有些人說，如果他們聽從我們的建議，一心尋找讓他們覺得喜悅的事物，那麼他們就會選擇開心大吃對身體或體重有不好影響的食物。不開心的時候，有人會用食物來填滿空虛。然而，如果你好好照顧你的振動平衡，學會把思維導向正面的方向，想像你想要的身體形象，接下來，若你相信吃某種食物會讓你無法實踐願望，負面的情緒就會浮現出來引導你。**當某種行動帶來負面情緒時，要繼續採取那個行動實在不夠明智，因爲負面情緒表示能量失衡，在負面情緒下採取的行動，一定會產生負面的結果。**

某種食物對健康不利，不一定會讓負面情緒浮現，負面情緒一定是因爲當下的思維和本源互相牴觸。兩個人吃同樣的食物，做同樣的運動，卻有截然不同的結果，表示振動不夠平衡，不光是消耗食物和燃燒熱量的問題。思維會影響你和能量的契合，並且影響所得到的結果。

最佳準則是：「保持愉快的進餐心情，但不要爲了享有快樂的心情而吃東西。」當你把情緒平衡放在第一位時，你跟食物的關係就會改變，你對食物的衝動也會改變，更重要的是，你對食物的回應也會改變。如果沒有先照顧好振動平衡，即使改變你對食物的行爲，也不會有好的成果。改變思維後，就能看到豐厚的收穫，而且不需要改變行爲。

因此，我們要說，你已經決定了你要變得非常苗條，但現在從你眼中看出去，你並不是你想要的樣子。你的信念是：如果吃了這個，我會變胖。因爲你的願望是要變苗條，但你的信念是吃了食物會讓你變胖，當你開始吃的時候，就會感受到負面的情緒。你或許會說那是罪惡感、失望或憤怒，但不論如何，吃那樣食物會讓你不快樂，你抱持的信念，還有你抱持的願望，都跟你的行爲牴觸。因此，如果你追尋喜悅，當你吃的東西跟你的信念和諧一致，你就會覺得很快樂；如果不一致，你就覺得不快樂。一旦內心的願望成形，當行爲和願望牴觸，就一定會感受到負面的情緒。

對食物的信念

亞伯拉罕：你對食物的信念明顯地反映在你的人生體驗中：

- 如果你**相信**大多數的東西吃下去都不會讓體重增加，這就是你的體驗。
- 如果你**相信**你的體重很容易增加，這就是你的體驗。
- 如果你**相信**某些食物會讓你充滿能量，這就是你的體驗。
- 如果你**相信**某些食物會剝奪你的能量，這就是你的體驗。
- 如果你想變苗條，但你**相信**特殊的飲食法無法讓你變苗條，可是你又採取那種飲食法，你的體重就會增加。

我們分析了你對食物的信念，以及你認爲食物會如何影響你的身體，但很多人覺得這個分析太過簡化，所以不太相信，因爲他們認爲自己的信念是從觀察體驗而來。然而，他們體驗自己的生活，也觀察別人的生活，收集到了「事實」證據，卻難以作爲證明。

觀察結果帶給你的資訊既空洞又不可靠。除非你加入了**願望**和**期望**，否則吃什麼跟不吃什麼其實都不重要。當你忽略了創造過程中最重要的元素，你就無法了解結果。

每個人對食物的回應都不一樣，因爲食物不是常數，思維才是。你對食物的思維才是差異的來源。

別人對我的身體有什麼看法並不重要

提問者：我的另一半說我套了個泳圈在肚子上，要是我能把這圈肥油減掉就好了。我可以多運動，少吃一點，或改吃沙拉。可是聽了另一半這麼說，我把這件事掛在心上，結果肚子反而愈變愈大了。

亞伯拉罕：我們要你先明白一件很重要的事，你是一個完整的人，所以沒有另外一半。（笑）我們當然知道，另一半在你的生命中很重要，但你不應該讓她的意見變得比你的意見還重要。別人影響你，導致你把注意力放在讓你覺得不快樂的東西上，你就會產生負面的思維。

我們要你持續練習用心思維，讓別人的意見對你來說變得不那麼重要。在完全沒有抗拒的情況下，你才能體驗到自由，這表示你已經明白如何讓長期的思維契合內在存在的思維。把其他人的願望和信念加入等式時，絕對不可能達成一致的振動頻率或感受到自由。

那樣的等式有太多變數，無法達成平衡。

所以，如果有人對你說：「你身上有些地方我不喜歡。」我們會說：「那就看其他的地方吧。你覺得我的鼻子怎麼樣？小小的是不是很可愛？還有這邊的耳朵呢？」也就是說，我們鼓勵他人去看正面的地方，我們會以開玩笑的方式來表達，並且不傷害到自己的感覺。事實上，多多練習正面的思維，別人就無法傷害你的感受。

關於身體的「舊版」故事

我不喜歡我的體型。我曾有過又瘦又健康的時候，但現在已經難以達到，而且也維持不久。我一定要拚死拚活，才能稍稍有我想要的樣子，而要維持卻難如登天。我厭倦了！拒絕美好的食物，最後也沒有得到美好的體型。好難，眞的好難，我的新陳代謝就是沒辦法讓我瘦下來。不公平。我不想變胖……

關於身體的「新版」故事

我的身體反映出我大多數的思維。我很高興我能明白引導思維具有多大的力量，我也期望看到身體的改變反映出思維上的變化。預期自己的體型變得更好看，我覺得很快樂，我也很有自信。變化已經出現了。同時，我也覺得很快樂，因爲我並沒有因爲當前的情況而感到不快樂。用心思考眞的很有趣，更有趣的是看到用心選擇的思維能帶來什麼樣的結果。我的身體敏銳地回應我的思維，眞好。

訴說新版的故事，沒有對或錯的方法。過去、現在、未來的體驗都可以加到故事裡。唯一重要的準則是你的意念，你想說一個讓自己更快樂、內容更美好的故事。在一天的生活中，訴說更多讓你感到快樂的小故事，改變你所發出的吸引力。別忘了，你說的故事，會爲你的生活奠定基礎。所以你的故事，應該符合你的願望。

「第五部」

職業生涯：快樂的泉源

Careers, as Profitable Sources of Pleasure

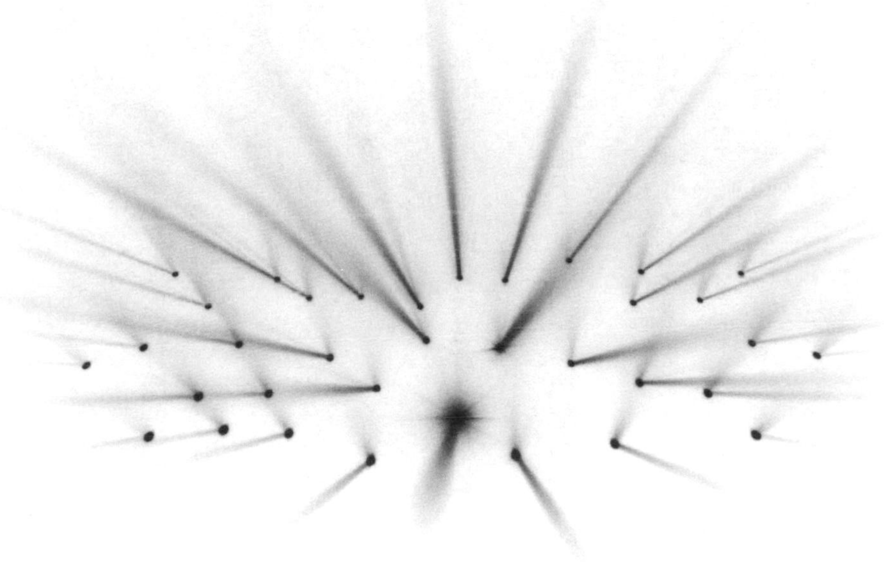

職業生涯的第一步

傑瑞：我們要怎麼知道自己選對了事業？你們有什麼建議嗎？要怎樣才能在自己選擇的事業上表現出色呢？

亞伯拉罕：你對**事業**的定義是什麼？

傑瑞：事業就是一輩子的工作。一份可以讓人全心投入、全心表現的職業。在大多數情況下，當然也希望得到財務上的報酬。

亞伯拉罕：一輩子的工作是什麼意思呢？

傑瑞：就是人們會花一生的時間去做的事，或許是一個職務、一個專業、一門生意……

亞伯拉罕：你是說，在你們的文化中，大家都相信或認爲選擇了一份事業後，就可以期待一輩子過著幸福快樂的日子？

傑瑞：就我記憶所及，是這樣沒錯。在我還小的時候，大家就一直問我，長大以後要做什麼。周遭的大人們灌輸我一個觀念，就是要趕快選擇一個志向。現在想起來挺有趣的。我記得那時候我看到送牛奶的人，把裝在玻璃瓶中漂亮又可口的牛奶送到各戶人家門口，然後開車離去，我心想，我以後也要當送牛奶的人。後來我又看到警察在路上攔下母親的車子，要她停下來，當時只要有人能命令我媽做任何事情，都會讓我覺得很崇拜，所以有一段時間我決定要當警察。過了不久，醫生治好了我斷掉的手臂，我又決定要當醫生。後來我家失火了，當消防員變成我最新的夢想。

就算已經長大成人，隨著視野不斷變化，我還是持續觀察並考慮各種職業選擇。因此，周遭的人都對我有點失望，因爲我一直換工作，沒辦法安頓下來，找到「一輩子的工作」或「一份眞正的事業」。

亞伯拉罕：長大後要做什麼的心願一直隨著生活體驗而改變，很多人或許會說你這樣的行爲是幼稚或不符合實際的做法。但我們認爲：生命中的各種事物不斷激勵你、啓發你，當你願意隨著這些被激發而出的想法順流而下，就能享受到喜悅的體驗。有些人會爲自己的選擇找正當的理由，例如家族傳統或高薪收入，如果你跟他們一樣，就不太可能體驗到喜悅。

要決定把一生的時間投注在什麼樣的工作上，的確不容易，因爲你是擁有多元面向的存在，你的主要目的是要享受絕對的自由，在追尋喜悅經驗的過程中，體驗擴展和成長。也就是說，如果感覺不到眞正的自由，就沒有喜悅；沒有喜悅，就無法體驗眞正的擴展。或許對許多人來說你的行爲很幼稚，但生命原本就該激發你不斷去冒險。

我們鼓勵你及早下定決心：存在的主要目的和原因就是要一輩子過著快樂的生活。做你喜歡的事，擁抱和內心意念契合的願望，也就是自由、成長，還有喜悅。與其找工作賺錢，然後用錢來做讓你覺得快樂的事，不如下定決心，把一輩子幸福快樂當成一種「事業」。如果快樂的感覺是你生命中最重要的事情，你用以維生的工作也讓你覺得快樂，你就找到了最棒的組合。

你可以鍛鍊自己，在任何情況下都能感到快樂，而當你懂得先達成振動平衡，並且把同樣快樂的環境和事物吸引過來，就更有可能一直保持快樂。

你在哪兒高就？

傑瑞：現在仍有很多我們所謂原始或野蠻的族群，他們似乎只活在當下，沒有工作，要是肚子餓了，就去捕魚或採野果。

亞伯拉罕：他們會看到這本書嗎？（笑）你認爲什麼樣類型的人會讀這本書呢？

傑瑞：我想，這本書的讀者應該認爲，每個人都要有一份能帶來收入的工作。

亞伯拉罕：你覺得爲什麼很多人會認爲，應該要在年輕時找到一份事業，然後一生努力工作？

傑瑞：我當然沒辦法代表所有人，但我覺得從道德上來看，每個人都**應該**去找能賺錢的工作。而拿了錢卻不付出努力，或者沒有生產力，感覺不太妥當。

亞伯拉罕：你說的對。大多數人覺得要付出努力或工作，才能爲存在找到正當的理由，或許那就是爲什麼在第一次碰見某人時，你會問：你在哪兒高就？

傑瑞：大約有四十年的時間，我每天只工作一個半小時。別人聽到我工時這麼短，收入卻這麼高，都會露出不滿之情，所以感覺上我得爲自己辯駁，我會解釋說，那九十分鐘的時間我費盡心力，我也花了多年的時間磨練自己的技能，而且我還得開好久的車去上工。換句話說，我覺得我需要去證明自己的收入其實很公道。

亞伯拉罕：振動頻率達成一致後（表示你跟內在的本源能夠契合，你自己的願望和信念也呈現平衡的狀態），你就再也不需要證明給別人看了。很多人想向別人證明他們的行爲或想法，但以其他人的意見作爲尋求契合的引導並不好，沒有任何工具比得上你自己的**引導系統**。

在你還很年輕的時候，周圍的人多半會要求你遵從他們的規定和意見，但如果你做任何決定都以他們的想法爲重，你只會愈來愈偏離本來的面目和你與生俱來的目的，還有從你的人生體驗中發展而來的願望。除非你放棄想要討好他人的念頭，代之以跟本來的面目（你的本源）契合的強烈意念，關照自己的感受，選擇讓自己快樂的思維，達成振動的契合，如此你才能體驗到自由的感受。

覺得別人不贊同你或攻擊你，你當然會想要保護自己，但是當你訓練自己跟內在存在保持契合，想要防衛的念頭很快就會消退了，因爲無力感將全都消失，你會確實察覺到自己本來的面目。

不論你做什麼選擇，一定都會有人不同意你的選擇，但當你找到平衡，保持一致的振動頻率，大多數人會比較想問你成功的祕訣是什麼，而不是批評你的成功。至於那些繼續批評你的人，他們就算聽了你的解釋也不會滿意，不論你的説法有多麼令人信服。

你不需要去改變別人內心匱乏的感受，你只要保持自己的平衡。當你允許社會或任何人來規定你應該要什麼或應該如何表現時，你就失去了平衡，因爲存在的重點便是自由的感受，而你的自由感受遭到質疑挑戰。當你把注意力放在你的感受上，訓練充滿力量的思維契合你本來的面目，你就變成了成功的表率，周圍看著你的人都能因而獲益無窮。

要幫助窮人，你不需要變窮；要幫助病人，你不需要生病。只有在你充滿力量、頭腦清晰、振動一致時，才能提升其他人。

吸引力法則和事業有關係嗎？

亞伯拉罕：渴望擁有一份事業的主要原因是什麼？

傑瑞：我讀到一份最近的研究報告，報告中說大多數人想要**名望**。也就是說，如果有比較高的頭銜和比較高的薪水可以選擇，大多數人會選擇頭銜。

亞伯拉罕：想要名望的人忘了自己的引導系統，轉而尋求他人的認可，那樣的生活方式無法帶來眞正的滿足，因爲你想要討好的人並不會一直把注意力放在你身上。那份研究報告看起來沒錯，因爲大多數的人眞的比較在乎別人怎麼想，而不是個人的感受，但是那種形式的引導無法永遠保持一致。

有時候你們會擔心自己太自私，覺得不該把自身的快樂放在第一位，忘了關心身邊的人，但我們認爲要反過來才對。你要先關注自己跟本源的契合程度（從你的感受可以看出來），努力維護你與內在的連結，接下來當你的注意力轉到誰身上，誰就會獲益。如果你切斷了自己跟內在的連結，就無法幫助他人。

我們明白，要是有人將關注焦點投射在你身上，讚賞你的一切，你會感覺很快樂，因爲他們做的就跟我們剛才解釋的一樣：對你的讚賞表示他們和本源緊密連結，也帶給你無盡的幸福感受。但是，要求別人保持契合，並一直把你視爲關注焦點，好讓你享受他們帶給你的美好感受，一點都不符合實際，因爲你無法控制他人的連結，你也無法永遠是別人的關注焦點。不過，你可以控制自己跟本源的連結，當你專注意念，保持自己和本源的連結，不去管他人的想法，你就能脫離討好別人的桎梏（因爲你無法一直討好別人），維繫長久的連結，感受到幸福圓滿。

關注自己想法的人也會一直保持快樂的情緒，並且和本源保持連結，不論他們的注意力放在哪裡，都能發出正面的思維。通常他們在別人眼中也充滿了吸引力，能夠接收到眾人的讚賞和認同。

如果你需要別人的認同，或者你覺得缺乏認同，你就得不到認同。或許你有了一間辦公室，窗景佳且附停車位，門上還貼著你的名字，還有一個令人欽佩的頭銜，但是，脫離了本來的面目後，你所感到的空虛無法被填滿。能夠契合本源，漂亮的辦公室或頭銜感覺都沒有那麼重要了，但你仍會享有這一切。

他人無法填滿你內在的空虛

傑瑞：二十年來，我在娛樂界做過各式各樣的工作，眞的很好玩。工作的時間不長，但我碰過許多挑戰性很高的任務，因此我有了很多新的體驗……我常常告訴別人，走過人生，回頭卻看不見留下的軌跡。也就是說，我覺得我帶給觀眾短暫的歡樂，但是沒留下值得永恆保存的東西。

我們是否天生就想要去鼓舞、幫助其他人？這是來自另一個層次的動機，還是我們誕生進入有形的環境後，從別人身上學到的事情？

亞伯拉罕：你一生下來就希望自己有用，想去造福別人。你一生下來就知道自己有用。你口中的匱乏，並不是因爲你無法爲他人提供永恆的價值，而是因爲你的思維一直不讓你跟本源契合。道理是這樣的：你跟**本來的面目**（你的內在存在或本源）達成契合，你接觸到的每一個人，你都情不自禁地想要去鼓舞幫助他們，在契合的狀態下，你不會注意到其他人的振動頻率失調了。當你感到滿足時，吸引力法則不會讓你周圍充滿不滿足的人。當你不滿足的時候，吸引力法則不會讓滿足的人來到你身邊。

花再多時間，採取再多行動，就是無法彌補你的振動失衡。你找不到足以調和失衡的想法。你對周圍的人具有什麼價值，只有一個判準：你跟本源的契合程度。你唯一要做的事，就是達到振動契合，當別人看到你的狀態了，心裡也會想要，於是會努力去達成。你無法把振動平衡帶給他們。

你帶給觀眾的娛樂其實比你所能察覺到的更有價值，因爲你讓他們分心，不去想煩惱的事情，他們的注意力一旦從問題上移開，就能有所成就，有很多人還能跟本源達到暫時的契合。但你無法跟著他們移動，作爲他們的關注焦點，好讓他們維持快樂的感覺。每個人都要爲自己的思維和意念負責。

在每個人的內心深處，都知道自己來到這個世界上，是個充滿喜悅的創造者。你總是希望朝著喜悅的目標前進，但你預期要達成的目的其實並不多。你的目的是要讓有形的環境激發出源源不絕的擴展或願望，接著你想要和內在的本源達成一致，以完成這些想法與願望。換句話說，你知道體驗會帶來願望，內心的願望燃起後，就可以專注意念，直到達成期望的感受，然後你的願望就會開花結果。

在創造的等式中，旁人主要的功能在於提供多樣化的體驗，讓你產生願望。你的目的並非以別人的價值來評估自己的價值，而是要靠著周圍事物的結合，激發出新的想法。和別人比較，只是爲了激發擴展後的願望，並不是要貶低你的價值。

下班、週末和退休後做的事情，並不是生命中最重要的事。生命最重要的時刻，就在當下，由你現在的感受彰顯出來。如果你的工作讓你感到不悅或沒有成就感，或者很難達成，那不是因爲你選錯了地方，而是因爲你的視野被矛盾的思維給籠罩了。

不愉快的旅程絕不會通往快樂的結局。而結局也絕對無法證明你所採用的方法是正確的。你的方法或過程所吸引到的振幅，會反映在結局上。

我的成功能鼓舞其他人嗎？

傑瑞：自由對我來說一直是最重要的事，所以我不願意爲了金錢而失去自由。我總是說我對錢沒什麼興趣，因爲我不願意用自由換取金錢，但隨著時間經過，「生命沒有留下什麼」的感受讓我懷疑除了享樂外，是否還有其他值得追求的東西。

有了那種感受後，我發現了《思考致富》這本書，雖然思考或致富的想法一向不太能引起我的興趣，我卻注意到這本書，覺得它很吸引我。翻開書後，我全身起了雞皮疙瘩，彷彿發現了代表生命意義的東西。書上說：**決定你想要什麼！**說起來很簡單，但我感受到其中的力量。很奇妙，那是我從來沒有的感覺。因此，生平第一次，我很謹慎地開始決定我要什麼，並寫了下來：「我想要當自己的老闆，我要有自己的生意，我不想要固定的營業地點，我不想被綁在某個地方，我不想要員工。我不想要那種責任感。我只要自由。」

我想要掌控自己的收入。我想要到處遊走，可以旅行，可以去我想去的地方。我希望我的工作每天都能讓我感到興奮（或者不要去干涉別人就好了），而其他人不會因爲認識我而覺得丟臉。

聽到我這麼說，每個人都哈哈大笑。他們說：「傑瑞啊，你眞愛作夢。這根本不可能的啦。」我說：「一定有辦法的。愛默生曾說：『人之所以有夢想，正因爲你有能力實踐。』」我相信如此。我滿心期望，總有一天機會會出現……

弄清楚我想要的東西之後，不到三十天內，我碰到了一個人，他告訴我一個機會，讓我可以在加州開創我的事業，我所有的要求都得到了回應。接下來的幾年時間，我的生意站穩了根基。我寫下來想要的東西，幾乎都實現了。

我要自由、成長和喜悅

傑瑞：我想要的東西，並不是當時我有能力做到，或有智慧達成的。我只是說：**這就是我要的**。

每個人都可以這麼做嗎？一旦清楚說出要什麼，就能得到嗎？

亞伯拉罕：沒錯。如果這樣的人生體驗激發了你內心的願望，這項人生體驗也會給你必要的一切，能夠滿足你的願望。

你花了很長一段時間，才決定你想要什麼，因爲你要先經過體驗。你做了決定，並清楚地寫了下來，將意念專注其上，你對這些願望的信念就更加強了。當你的願望和信念結合，期待就跟著出現。一旦心中有了期待，你想要的就會快速進入你的體驗。

你最重要的願望就是自由，當你看到某樣你認爲不會威脅自由的東西，而它有可能帶來收入，你接受了它，於是讓想要更多收入的願望得以擴展，而之前你認爲有可能妨礙自由的事物會立刻驅散。

你懷著三個目的誕生：**自由**、**成長**和**喜悅**。自由是你存在的基礎，因爲所有來到你眼前的事物，都是爲了回應你的思維。除了你之外，沒有人能夠控制你的思維。如果喜悅是你的第一要務，你就能訓練你的思維去契合你**本來的面目**，所有的抗拒都會消退，接著你會按著人生體驗的引導開始擴展與成長。

我要快樂的生活

亞伯拉罕：當你在選擇一份事業，或做目前工作要求你做的事時，如果你主要的目的是要感到喜悅，**自由**、**成長**和**喜悅**的目的就會達成契合，因爲能夠感到快樂，你就和更廣大的無形存在完全契合。在那樣的契合下，人生體驗幫助你找到的願望變成你擴展的目標，你會快速成長，並且感到滿足。

自由是人生體驗的基礎，並不是你要去爭取的目標。喜悅才是你的目標。成長則是最終的結果。但是，如果你相信自己沒有價值，想要透過行動去證明自己的價值，你就找不到平衡。我們常常提到三個完美合成一體的目的：**自由**、**成長**和**喜悅**，但大多數人因爲錯誤的引導，想去證明自己的價值，便把成長擺在第一位，但你的價值跟你的目標完全無關。你不需要向任何人證明任何事。你的存在不需要正當理由，因爲你的存在，就是足夠的理由。

我創造了喜悅的事業

亞伯拉罕：我們要你把「事業」看成創造喜悅人生體驗的過程。你並不是有形事物的創造者，別人創造出來的東西也不需要經過你重新詮釋，你更不用去收集別人的體驗。你是創造者，你創造的東西就是喜悅的人生體驗。這是你的任務。這是你追求的目標。這是你來到世上的原因。

受而不施，是否不道德？

傑瑞：亞伯拉罕，有些人從來不付出，這麼做符合道德嗎？也就是說，如果他們靠著遺產過活，或中了大獎，或者靠社會福利或捐贈過活，你們覺得這種生活方式適當嗎？

亞伯拉罕：你的問題表示你認爲要付出代價，才能享受流向你的幸福圓滿；必須採取行動，才可以得到幸福圓滿。但事實並不是這樣的。幸福圓滿不斷流向你，不需要任何理由，只不過你必須要跟它達成契合。你不能把注意力放在匱乏之上，又想讓幸福圓滿流入你的體驗。

很多人把注意力放在不想要的東西上，卻不用心關注內在的情緒引導，然後只想用實際的行動彌補匱乏的思維。由於能量失調，行動也不會帶來好的成果，他們努力地採取行動，依然無法改善情況。

就像你呼吸的空氣，富足的生活早就唾手可得。生活好不好，就看你隨順的程度。

如果你相信，要努力才能富足，那麼不努力就沒有富足。但在很多情況下，你愈努力工作，感覺愈不快樂，愈無法從努力工作中得到你想要的結果。難怪很多人灰心喪志，因爲不管他們怎麼做，都無法享受富足。

讚賞及**愛**和本源契合，也是最終的「回報」。在**痛苦**和**掙扎**中，得不到任何回報。很多人看到別人不勞而獲，會抱怨世界不公平或不正義，因爲有些人工作非常努力，卻沒什麼成就。但是吸引力法則一直都很公平。你的生活體驗，確實反映出思維的振動模式。你的生活其實非常公平，因爲你想什麼，就發出相應的振動，發出振動時，你也會吸引到相似的振動，你給什麼，就會得到什麼。

傑瑞：先不談錢的話，如果說我們不是爲錢而做事，那人生在世應該做什麼？

亞伯拉罕：大多數人做的事情就是採取行動，想要彌補振動失調。換句話說，他們一直想著不想要的東西，結果想要的東西就無法順利進入他們的體驗，而他們只想著要透過行動去彌補失衡的狀況。如果你先照顧好你的振動平衡，認識情緒的價值，把注意力放在讓你覺得快樂的事物上，那樣的契合會帶給你無比的益處，不需要行動，好事就會不斷發生。

現代人的行動都伴隨著強烈的抗拒，這就是爲什麼那麼多人相信生活必須苦苦掙扎。這也是爲什麼很多人跟你一樣，相信成功和自由無法並存。但事實上，這兩樣東西是同義詞。不需要把金錢從等式中拿掉。追尋喜悅應該是等式中最重要的一部分。能做到這一步，富足才會流向你。

歡迎來到地球上

亞伯拉罕：進入有形的身體後，與我們對話對你將非常有益，因爲我們會說：「歡迎來到地球上。你想變成什麼樣子、想做什麼事、想要什麼東西，都能隨心所欲。你在這地球上一輩子的事業，就是追求喜悅。

「你住在一個擁有絕對自由的宇宙。你自由得不得了，所有的思維都會幫你吸引你想要的東西。

「想到讓你覺得快樂的思維時，你就能契合**本來的面目**，進而運用充分的自由。先追尋喜悅，所有你能想像的成長都會出現，讓你感到喜悅，無比富足。」

但以上這些並不是你的人生體驗。對大多數人而言，在看這本書之前，你早就被說服相信，自己是不自由的，你認爲自己沒有價值，覺得你必須透過行動證明你值得得到獎賞。很多人目前的事業或工作都讓他們非常不快樂，但他們覺得不能掉頭就走，不然經濟狀況會讓現在的不快樂雪上加霜。還有很多人目前沒有能帶來收入的工作，他們感到不快樂，覺得無法養活自己，未來也沒有保障。但不論你現在是什麼情況，如果你決定把眼光放在正面的地方，你就會停止抗拒，如此才能貼近你眞正想要的東西。你不需要回頭看你錯過了什麼，也不需要責怪自己還沒有成就。

可以的話，現在就是你人生體驗的起點。想到金錢這個主題時，不要再感到沒有價值或充滿憤恨，你要抵抗那種令人不悅的負面思維，接著你的財務狀況就會立刻出現改變。你只需要說，我在這裡，在人生體驗中，從現在起，我最重要的目的就是尋找讓我覺得快樂的理由。我要快樂。再沒有什麼東西比得上快樂的感受。

感覺快樂最重要

亞伯拉罕：在工作環境中，常常會發生一些事情，讓你無法感到快樂，你也很容易認爲，要眞正的快樂，就必須遠離這些負面的影響。但辭職離開的想法通常也會讓你不快樂，因爲生活吃緊，不能中斷收入，你只得繼續下去，你覺得非常不快樂，覺得被綁住了。

如果你能稍微退後一點，不要把事業看成換取金錢的工作，而是以生活體驗來換取喜悅，你就會發覺，你的思維和言語都偏離了對喜悅的追尋。如果你說：「快樂對我來說才是最重要的事。」你就會發現你把自己引導到不同的思維、言語和行動上。

用心尋找目前的工作和同事有哪些正面的地方，做法很簡單，而且能立刻讓你感到鬆了一口氣。那輕鬆的感覺表示你的振動改變了，你所發出的吸引力也跟著改變。之後，吸引力法則就會讓你碰到不同的人，甚至和同樣的人在一起都能有不同的體驗。這是一種由內而外的創造，而不是透過行動由外向內創造。定下簡單有力的前提，決定讓自己感到快樂，周圍的事物會立刻出現戲劇性的好轉。

我的事業為何停滯不前？

傑瑞：有些人剛踏進職場，有些人準備轉換事業跑道，正在評估收入或成長的潛力，以及產品或服務的需求。對於想知道該怎麼選擇未來方向的人，你們有什麼建議嗎？

亞伯拉罕：過去的人生體驗讓你決定了你現在想要的體驗是什麼，最完美的情況已經在那裡了，就等你去體驗。你現在的工作並不是去找到最完美的情況，而是**隨順**，隨著事情的開展，讓你進入一個境地，滿足無數生活體驗為你帶來的擴展。也就是說，你一定得先經歷過不想要的，才能清楚知道你想要什麼。

因此，沒有足夠的錢，讓你想要更多錢。不體恤下屬的老闆讓你想要能有一位欣賞你才華的雇主。不需要花腦袋的工作讓你希望能擁有激發出清晰的思緒和擴展的體驗。需要長時間通勤的工作讓你希望能找到住家附近的工作……以此類推。我們要告訴那些想換工作環境的人：你想要的，已經在振動暫存區裡等著你。過去和現在的體驗幫助你找出你想要什麼，而你的工作就是要去契合你想要的東西。

聽起來或許很奇怪，但是要改善工作環境，最快的方法就是在你目前的環境中尋找讓你覺得快樂的事物。可是大多數人卻反其道而行，指出眼前的缺點，想要爲更好的環境找到存在的理由。但是，吸引力法則會根據你的注意力焦點來吸引，如果你的注意力放在不想要的東西上，就會吸引到更多不想要的東西。因爲不想要的東西而離開某個環境，你會發現在下一個環境裡，仍會出現那些東西。

想想看你要什麼，大聲說出來。列出目前環境中令你喜悅的事物。想想看即將來到的事物，感受到振奮。不要再強調你不喜歡的事物，強調你喜歡什麼。改善振動後，觀察宇宙的回應。

尋找快樂的理由

傑瑞：換句話說，除非我們能把注意力放在想要的東西上，不再去注意之前或現在的環境中不想要的東西，不然還是會再度創造出負面的情勢？

亞伯拉罕：一點也不錯。不論你認爲負面的情緒有多麼正當的理由，你還是會把自己的未來弄得一團糟。

大多數人都想過自己要什麼，好讓自己可以活得充實快樂，但他們卻關上了心門，因此無法實踐。你的心門之所以關閉，是因爲你忙著抱怨現狀，或忙著爲目前的狀況找藉口……尋找讓你快樂的理由，在喜悅中，你就敞開了心門。在你敞開心門後，所有你說過「我想要」的東西就會不斷流入。我們期望，在那樣的情況下，你會過著幸福快樂的生活，畢竟那才是你從事這項事業或在人生體驗中，眞正想要達成的目的。

想要做，還是應該做？

傑瑞：我年輕的時候，曾在奧克拉荷馬州、密蘇里州和阿肯色州的農場待過，爲了賺錢，我做過很多工作，都非常辛苦，一點也不好玩。我曾養雞送到市場上去賣；我也種過番茄，收成後拿去賣錢；我也曾賣過劈好的柴堆，那時候我賺了不少錢，可是我不喜歡那份工作。在紐奧良唸高中的時候，我也做了很多不好玩的工作，像是鋪屋頂、板金和維修電梯。第一份比較有趣的工作是在海灘當救生員。

我覺得我跟身旁的人一樣，沒想到樂趣跟賺錢可以合而爲一。在做那些無趣且困難的工作時，是下了班之後我才覺得有樂趣。晚上我會跟其他年輕人到公園碰面，在那邊彈吉他，我還參加了教堂的唱詩班，也去紐奧良歌劇院演奏。我是童軍社的社長，會雜技表演，也志願教別人體操和舞蹈。我做了很多好玩的事情，但是並未從中獲利。

長大成人後，我再也不花時間去做不喜歡的工作。我從事自由業，那些爲了樂趣而無償做的事情我也沒放棄，而且那些事情後來也帶給我收入。

我從沒想過要走上音樂、歌唱、跳舞或雜技表演的路，我也沒受過相關訓練，但是後來板金工會發動罷工，沒事做的時候我在基督教青年會的健身房碰到一個人，他邀我加入古巴的「桑托斯阿提嘎斯大馬戲團」，負責表演空中飛桿。我父親期待我從事的工作是鋪屋頂和板金，但我沒走上那個「安全的」方向。鋪屋頂和板金的收入很穩定，雖然我很不喜歡這兩樣工作，但是我受過訓練，技術也很好，可是由於我**不想要**的工會罷工發生，我轉向眞正快樂的生活，享受冒險和賺取金錢。從古巴的馬戲團開始，我展開了二十年在娛樂界的生活。

亞伯拉罕：聽了你的故事，其中的細節很清楚地展現出我們在這裡要告訴大家的事情。你看，年輕時努力工作，儘管做的都是你不喜歡的事情，卻幫你明白你不想要什麼，也幫你決定你喜歡什麼，不是嗎？雖然你十幾歲的時候做的都是你不喜歡的事，你卻花了很多時間在你眞正喜歡的事情上。因此，喜悅創造等式的兩個元素已經到位了：困難的工作讓你開口**要求**；參與你喜歡的音樂和做你喜歡的體操，在你心中培養出**隨順**的態度；然後，透過抗拒最少的道路，宇宙給了你另一條路，去追尋你想要的**自由**、**成長**和**喜悅**。

年輕時的繁重工作讓你極度不快樂，但你是極少數願意讓自己追求快樂的人，可以說你很怪，也可以說你與眾不同。接下來，你的願望就出現了。

很多人覺得自己想要做的事情，跟他們認爲自己應該做的事情，是截然不同的。大多數人把可以賺錢的事情歸類爲我應該做的事情。這就是爲什麼賺錢變得很難，也是爲什麼很多人覺得錢不夠。

如果你有足夠的智慧，跟著讓你快樂的思維走，你會發現快樂的道路領著你得到你想要的東西，你的振動頻率會符合本來的面日和你想要的東西，一旦達成契合，宇宙就會讓你得到所有你想要的。

我的快樂吸引來金錢

傑瑞：亞伯拉罕，伊絲特和我開始跟你們合作後，並沒有想到會因此獲得收入。我們很喜歡你們的教導，應用這些教導所得到的成果也非常正面，令我們興奮極了，但我們從未想過要把我們的合作變成一門生意。我們獲得的啓發就是很單純的樂趣（現在還是很有趣），然而現在有了戲劇性的擴展，變成全球性的大企業。

亞伯拉罕：所以，你們的人生體驗擴展了，想法和願望是否也跟著擴展呢？雖然在一開始的時候，你們無法看見或描述事態會如何進展……因爲有趣，因爲你們覺得很快樂，這就變成了充滿力量的通道，滿足你們在遇見我們和開始這項工作前早就懷抱的願望和目標，對不對？

傑瑞：對，我一開始接觸你們時，是希望能用更有效的方法幫助其他人改善財務狀況。我也想學習如何讓我們的生活更契合自然的宇宙法則。

我希望工作給我自由的感覺

傑瑞：大多數人可能會說，我這麼多年來從事過的事業，一開始都不是很好的賺錢方法。那些事不過就是我喜歡做的事，可是後來也變成收入的來源。

亞伯拉罕：對，那就是成功的祕訣。因爲你早就決定快樂的感受對你來說是最重要的事情，所以你能夠找到種種有趣的方法，也一直保持同樣的目的，殊不知，成功的祕訣就是讓自己保持快樂。

很多人從小就被教導說，追尋自己的快樂是自私的，是不好的，眞正的目標應該要以承諾、責任、掙扎和犧牲爲中心……但我們要你明白，你可以承諾、可以負責、可以鼓舞其他人……**並且**保持快樂。事實上，除非你能保持眞正的快樂，不然做什麼都只會讓你覺得空虛，說的話沒有眞正的價値。能連結到本源得到力量，你才能獲得改善。

很多人說：「我不想工作。」意思是：「我不想去那個地方，爲了賺錢做我不想做的事情。」當我們問他們爲什麼時，他們回答說：「因爲我要自由。」但你要追尋的不是行動上的自由，因爲行動也可以很好玩。你要追尋的也不是金錢上的自由，因爲金錢就等於自由。你希望能從負面的想法中釋放，再也沒有抗拒，讓你契合本來的面目，不再抗拒一生下來就有權享受的富足。你要脫離匱乏，追尋自由。

正面的地方在哪裡？

亞伯拉罕：感受到負面的情緒時，表示情緒引導系統告訴你，這個時刻你正看著負面的地方，因此你得不到想要的東西。

如果下定決心，不論注意力放在哪裡，都要找到正面的事物，你就會立刻看到抗拒的模式消失了，振動出現變化後，宇宙就能讓你實現長久以來的夢想。

很多人換了一個又一個的工作，轉換跑道、換了老闆後，只是發現下一個地方並沒有比前一個好，爲什麼？因爲不管他們去哪裡，都放不下自己。當你去到新的地方，卻繼續抱怨上一份工作有哪裡不好，想要用這個方法來解釋你爲什麼換了新工作，你發出的振動同樣具有抗拒，繼續妨礙你實踐願望。

要改善工作環境，最好的方法就是把注意力放在眼前最好的地方上，直到你自己的振動模式充滿了好的思維，改變振動後，你就可以讓改善後的新環境進入你的體驗。

有些人擔心，如果聽了我們的鼓勵，在他們的處境中尋找美好的事物，只會讓他們繼續留在不想要的工作崗位上。但事實正好相反：在充滿正面思維的狀態中，你卸下了自己加上去的所有限制（所有限制其實都是你加的），釋放自己，接收美好的事物。

傑瑞：亞伯拉罕，正面看待事物在創造的等式中扮演什麼樣的角色？看了希爾的《思考致富》後，我學會決定我要什麼，然後專心想著我要的東西，直到我的願望成眞。也就是說，我設定目標，然後訂定完成的時間表。但是後來遇見了你們，我發覺大多數我認爲生命中最美好的體驗，並不是得到我想要的東西（雖然很多也眞的發生了）。眞正彰顯出來的，是我所**讚賞**的東西。

好比說，我和伊絲特認識多年後，我們才在一起。在相識的那些年裡，她身上有很多我非常**讚賞**的地方……後來她（和她美好的特質）整個人進入我的生活。就生命的喜悅而言，她創造出的喜樂妙不可言。

此外，我也把賽斯的書讀了好幾遍，但我從未渴望我的生命中也有一個「賽斯」。不過，我非常渴望那個名叫賽斯的「無形存在」能給我指引。然後你們來了，你們不是賽斯，但在閱讀羅伯茲和柏茲的形而上體驗時，我感受到的渴望因著你們的出現而實現了。

四十多年前，我到舊金山附近拜訪一家人，他們的收入來源是傳統的寶石郵購，基地就在他們自己家裡。我從未說過我想要那門生意，但我很讚賞他們，因此向數千人訴說那次的體驗。然後有一天（大概二十年前），我到郵局收亞伯拉罕的訊息的訂購單，突然間我發覺到自己正在體驗郵購生意的本質，而之前我眞的很讚賞那門生意。現在我們的生意就是四處傳播你們的訊息，看看有多少人受到了正面的啓發！

還有好多例子可以說。我先講一個故事：伊絲特跟我剛搬到德州時，找到臨時出租的房子，還附有一個小菜圃、會下蛋的母雞、會產奶的山羊和自己的水井……我們習慣沿著房子前面的道路散步，穿過小小的飛機跑道，就能看到一片雪松和橡木。就算夏天天氣很熱，我們也能跟著鹿群的足跡，穿過茂密的森林，享受散步的時光。

有一天我們發現跟著鹿群的足跡，竟然走到藏在橡樹林中的小「草原」。那裡美極了！有草有花，整個感覺就像「仙境」一樣。伊絲特跟我很喜歡這塊令人心情愉悅的地方，我們去了好多次。這塊看似古老、自然的空地不知道從何而來，也不知道之前有誰來過這裡，我們編織了好多情景。我們也自問，爲什麼這片小草原會讓我們感到這麼快樂。但眞的很難解釋爲什麼，總之我們很讚賞這片土地！我們從未說過想要那塊土地，只是心中充滿了讚賞。

過了大概五、六年後，有個陌生人打電話來，他聽別人說我們想找一塊地來蓋辦公室……他介紹給我們的七英畝土地裡正含有那塊祕密的小草原。現在我們的辦公室就在那塊美麗的仙境上。從七英畝擴充到二十英畝……有天我看到鄰居尚未開發的土地上有片非常美麗的橡樹林，讚賞之情油然而生，這個讓我心情愉悅的故事很長，我就長話短說吧。那塊小草原現在擴充到四十英畝，正面對著十號州際公路，還有飛機棚、直升機停機坪和馬廄（我們沒有飛機，也沒有養馬）。這一切都從我們對林間那塊小草原的讚賞發展出來的。

亞伯拉罕，對於讚賞的情緒，你們對我的看法有什麼回應呢？

亞伯拉罕：那是眞愛的振動，戀愛的感覺，是當你看到某個人覺得兩人合而爲一的感覺。看著天眞無邪的孩子，感受到他的美和力量。**愛和讚賞是同樣的振動。**

讚賞是契合本來面目的振動。抗拒、懷疑、恐懼都消失無蹤，不否認自己，也不憎恨他人。讚賞表示讓人不快樂的事物都不見了，取而代之的是讓人快樂的事物。把注意力放在你想要的東西上，訴說你想要的生活方式，你就會愈來愈接近讚賞，擁有讚賞後，你就愈來愈靠近你心目中美好的事物，沒有其他力量可以把你拉走。

我們來看看不同的詞，比方說感激（gratitude）和讚賞（appreciation）。在英文中很多人把這兩個詞當成同義詞，但我們覺得兩者的振動頻率並不一樣，因爲當你克服了困難，會覺得心懷感激。也就是說，你很快樂能夠脫離了掙扎，但掙扎的振動仍然可能存在。再舉一個例子，啓發（inspiration）和激發（motivation）不一樣，啓發屬於本來的面目，而激發是爲了讓自己去做某件事，兩者不同。

讚賞是敏銳、貼切、興奮的感受，表示你的振動契合了**現在的面目**（who-you-have-become）。讚賞的狀態表示「我的步調跟得上我整個人的樣子」。

處在讚賞的狀態中，眼前所見都透過本源的眼睛看到。當你進入了讚賞的狀態，就算走在擁擠的街道上，而且身旁的人不斷批評或擔憂眼前的事物，你卻不必擔心被同化，因為讚賞的振動會排除振幅不相符的東西。

讚賞的狀態等同神聖的狀態。讚賞的狀態表示你回到**本來的面目**。讚賞的狀態是你第一天誕生的樣子，也是你死亡那刻的樣子，如果我們也有有形的身體，那就是我們無時無刻想要的模樣。

有人用喜悅（bliss）這個詞，我們覺得是一樣的：「追尋喜悅。」但是，有時候在你的處境中，你嗅不到一絲喜悅。所以我們會說，如果你感到絕望，就追尋報復，這是順流前進。如果你去報復，追尋你的恨意，這是順流前進。如果你滿心怨恨，追尋你的憤怒，這是順流前進。如果你非常憤怒，追尋你的挫折，這是順流前進。如果你充滿挫折，追尋你的希望，這是順流前進。如果你有了希望，你就接近了喜悅的狀態。

一旦你的振動中出現了希望，列出能讓你快樂的事物，然後在筆記本中寫下這些事物。列出正面的地方。列出你愛的東西。尋找你最喜歡的事物，絕對不要抱怨。尋找你最喜歡的……就算只有一樣東西是你喜歡的，也要把全副注意力放在那樣東西上，你才能成為**本來的面目**。

用那些讓你覺得快樂的閃耀事物當作理由，集中注意力，回歸你**本來的面目**，你的頻率就會調整成**本來的面目**，世界會在你眼前出現轉變。轉變他人的世界，不是你的任務，但你要為自己轉變你的世界。讚賞的狀態就是跟本源的連結，感受不到匱乏。

時間來自知覺與感受

亞伯拉罕：很多人只看到自己缺少金錢，同樣地也有很多人只看到自己缺少時間，通常這兩個匱乏的主題糾纏在一起，互相造成負面的影響。之所以如此，是因爲很多人覺得沒有足夠的時間去做需要做的事情，所以無法成功。

很多人覺得時間不夠用，因爲他們想透過行動得到結果。如果你沒察覺到契合的力量，也不爲個人的契合而努力，一旦你感到不知所措，就會心懷憤怒或憎恨，脾氣變得很差，在負面的情緒下，你的行動只是爲了趕緊做完事情，因此你就會覺得時間不夠。

能量失衡，所有的行動都無法彌補，但當你照顧好自己的感受，先達成振動平衡，你就會體驗到宇宙爲你效力，四處的門似乎都爲你敞開了。如果你能契合本源，你必須付出的體力對你來說是微不足道的。與本源契合的人所體驗到的成果是無法契合的人永遠追不上的。

如果你覺得缺乏時間或金錢，最好的方法就是把注意力放在讓你覺得快樂的思維上、列出你能看到的正面特質、尋找讓你快樂的因素，以及做更多會讓你覺得快樂的事情。花一點時間改善你的感受，找到正面的地方，契合本來的面目，你就能看到絕佳的成果，幫助你更有效地善用時間。

時間不夠，不是你的問題。金錢不足，不是你的問題。無法連結到創造世界的能量，才是所有匱乏體驗的核心。只有兩樣東西能夠填滿空虛或匱乏：和本源的連結，以及和本來面目的契合。

你的時間來自知覺，雖然每個人的時鐘都走得一樣快，但你的契合度會影響你的知覺，以及你願意隨順的結果。把時間放在一旁，在心中想像你想要的生活，你就能獲得力量，當你只看人生的問題時，你就難以利用這種力量。

看看每個人付出的努力和得到的成果，你會發現極大的差異。你必須承認，光靠行動無法成就。之所以有這些差異是因爲有些人透過思維，利用振動契合的影響力，而有些人卻透過思維發出抗拒的力量。

想像你要跑一哩路，路上要通過兩千扇門。想像你跑到門前，要用個人的力量打開門，然後才能通過。想像你正跑到門前，門就自動打開了，所以你可以保持同樣的步調前進，不需要在門前慢下腳步。當你能夠契合創造世界的能量，就再也不需要停下來開門。與能量的契合讓一切事物都在前頭等著你，而行動是你享受契合益處的方法。

我應該更努力工作嗎？

亞伯拉罕：你是充滿力量的創造者，來到這宇宙前緣的時空中，專注於你想要的東西，透過思維的力量來達成創造。創造不需要仰賴行動。

或許你需要花一些時間，才能調整想法，明白創造要透過思維，而不是行動。我們一直強調，對於某些事物，你的思想和言語都要表達出你喜歡的樣子，而不是描述它們現在的樣子。當你明白思維的力量，並用心把這股力量導往你想要的事物，你就會發現你是透過思維創造，而行動則是享受創造成果的方法。

達成一致的振動頻率（表示想到某些思維時，你覺得很開心），接著再採取行動，在有形和無形的世界中，你就做到了最好。符合本源的振動頻率後，行動將不費吹灰之力，你會覺得受到激勵而想要採取行動。而成果一定會讓你非常快樂。但沒有先達成一致的振動頻率就採取行動，就要耗費不少心力，成效不佳的行動持續一段時間後，反而會讓你精疲力竭。

大多數人都忙著處理眼前的事情，沒有時間去顧及最重要的東西。很多人說，他們忙著賺錢，沒有時間享受金錢……當你只能靠著行動創造時，多半會累到無法享受創造的成果。

提問者：我的工作就是冒險，我很喜歡這份工作。但當我想到我賺的錢，就覺得很緊張，工作的喜悅也沒了。兩者不能並存嗎？

亞伯拉罕：我們常聽到音樂或藝術創作者說他們很喜愛音樂或藝術，但要把最愛當成主要的收入來源時，除了賺不到足夠的錢，音樂或藝術帶給他們的喜悅也跟著消失了。

大多數人對金錢之所以抱持著負面的態度，只是因爲他們常提到買不起的東西或賺不到想要的金錢，卻不去提金錢的好處。還有，他們花很多時間思考當前的體驗，不去想他們希望能夠發生的事情，所以，雖然並非有心，但大多數人只能想到金錢匱乏的那一面。

把你喜歡的事情，比方說你的冒險、你的音樂或你的藝術，配上你長久以來一直覺得強烈匱乏的事物，比方說金錢，思維的平衡就會改變。

花更多時間想像你要的東西，花更少時間觀察現狀，練習更積極、令你感覺更快樂的故事，不久之後，你的冒險就會變成心中最主要的振動，再將冒險配上你賺錢的方法，兩者就會完美融合，彼此強化。

賺錢最好的方法，就是做你喜歡做的事情。金錢會透過無窮盡的管道流入你的體驗。你選擇的行業不會限制金錢的流動，但是你對金錢的態度卻會造成限制。

這就是爲什麼許多小市場能夠持續開發，有些人搶得先機，變得非常富裕。你的實相由你創造，你要創造自己的市場和自己的金錢。

你永遠無法定義哪些行動很簡單，哪些行動很困難，因爲當事物和你的願望能達成一致時，一切就垂手可得，但當事物違反你的願望，一切就很難取得，阻力也更強。

你要明白，只要你覺得自己做的事情是一種掙扎，矛盾的思維就會把抗拒加到成功等式中。想著你不要的東西，就會帶來抗拒，你也會因此耗盡精力。

關於事業的「舊版」故事

每一份工作我都非常努力，但沒有人眞正感激我。雇主似乎都只想利用我，把我榨乾了，卻理直氣壯地只給我一點點回報。我厭倦了付出那麼多，卻得到這麼少。我想退縮了，何必把自己累得半死，反正沒有人會注意到我。周圍的同事知識不如我，工時不如我，卻賺得比我多。眞不公平。

關於事業的「新版」故事

我知道我不會一直留在這裡做同樣的工作。眞好，我知道世界上的東西會不斷變化，想想未來要往哪裡走，還挺好玩的。

有很多地方或許比我現在的處境更好，但這其實不是問題，因爲「我現在的處境」持續在改善。當我尋找周圍美好的事物時，這些事物就會變成我的體驗，眞好。

我知道一切問題都能迎刃而解，也能看到實證，眞好……每天我都看到更多證據。

訴說新版的故事，沒有對或錯的方法。過去、現在、未來的體驗都可以加到故事裡。唯一重要的準則是你的意念，你想說一個讓自己更快樂、內容更美好的故事。在一天的生活中，訴說更多讓你感到快樂的小故事，改變你所發出的吸引力。

是訴說新故事的時候了

舊版故事的內容：

……出錯的事情。
……情況不如我所願，或者不符合我的預期。
……其他人讓我失望。
……其他人對我不夠誠實。
……金錢短缺。
……時間不夠。
……向來如此的情況。
……過去的人生體驗。
……最近的情況。
……我看到的不公平。
……其他人沒辦法了解。
……其他人不努力。
……其他人能做卻不去做。
……不滿意我的外表。
……擔心我的身體健康。
……利用其他人的人。

……想要控制我的人。

新版故事的內容：

……事物有哪些正面的地方。
……我心中期盼的情況。
……目前的狀況有多順利。
……吸引力法則才是一切萬有的法則。
……大量流動的財富。
……時間是知覺的產物，永遠不會用盡。
……我看到最美好的事物。
……我最珍愛的回憶。
……生活的明顯擴展。
……世界中驚人的、有趣的、美好的地方。
……周圍令人難以置信的多樣化。
……那麼多人的意願和效力。
……思維的力量。

……身體正面的地方。
……健康的身體。
……我們如何創造實相。
……絕對的自由，和察覺到自由後的愉悅。

強大的吸引力法則會回應你的思維和你訴說的人生故事，吸引組成你人生體驗的每一個要素。你的金錢和財產、身體的健康狀況、頭腦清晰度、靈活度、體型、工作環境、待遇、工作滿意度和獎賞，總的來說，你人生體驗的快樂程度，都根據你所訴說的故事而來。下定決心，你最主要的目的就是改善你每日訴說的故事內容，我們向你保證，你的生活一定會變得跟改善過的新故事一樣。這就是強大的法則！

［第六部］

亞伯拉罕現場文字紀錄
吸引力法則工作坊

Transcript of Abraham Live: A Law of Attraction Workshop

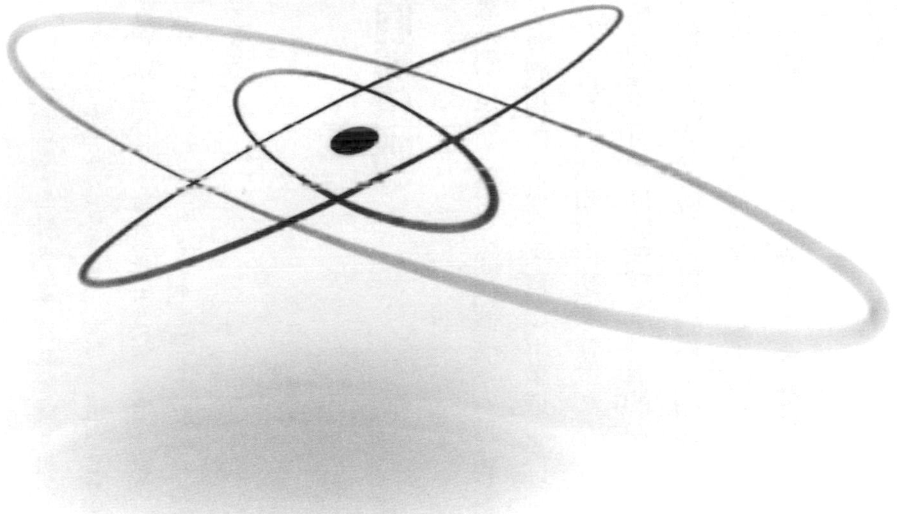

（這場吸引力法則工作坊於二〇〇七年九月二十九日星期六在美國麻薩諸塞州的波士頓舉辦。本書文字內容經過少許編輯，以方便閱讀。如果你對其他的錄音帶、光碟、書籍、錄影帶和DVD有興趣，或想參加亞伯拉罕・希克斯吸引力法則工作坊，請致電830-755-2299，或寫信到亞伯拉罕・希克斯出版社，地址是P.O. Box 690070, San Antonio, Texas 78269。如果想看看我們出了哪些書，請到我們的互動式網站：www.abraham-hicks.com）

你的振動頻率契合你的願望嗎？

大家早。我們很高興看到大家來到這裡，為了共同創造而聚在一起眞好，你們說對不對？你知道你想要什麼，眞的嗎？我們相信，你認為自己或多或少已經知道自己要什麼了。換句話說，知道你**不想要**什麼，可以幫助你知道你**想要**什麼。

好，這麼說吧！你相信你的振動頻率符合你的願望嗎？眞的符合嗎？讓我們來告訴你，要怎麼知道你的振動頻率是否和你的願望一致。當你的振動頻率符合你想要的東西，你就會擁有你想要的東西。人生體驗讓你了解到你想要有多少金錢，當你的振動頻率符合你想要的金錢時，你會擁有它們、消費它們、享受它們……金錢會不斷進出你的體驗。當你的振動頻率符合人生讓你了解到你所想要擁有的關係，你就會經歷那樣的關係。

所以，這個問題不好回答（別氣餒），因爲當我們問：你知道你想要什麼嗎？有形世界的朋友會認爲我們說的是那些還沒出現的東西。換句話說，**我仍然在追求那些東西**。

有一天，我們想讓某個人把注意力放在正面的事物上，並且把她可能想到的正面事物都列了出來，她說：「哦，亞伯拉罕，這些我都不要，因爲我已經有了。」她眞正的意思是：「我想要的東西是我尚未擁有的東西。」

我們要幫你明白，如果你想要某些東西，但你心裡想的卻是這些東西還沒有實現（尚未出現在你的體驗中，你仍體驗到匱乏。更重要的是，如果你想到這些東西，就會出現負面的情緒，覺得很挫折，因爲你等了好久一直得不到，別人卻能擁有），這就是個有力的指標，指出你正發出什麼樣的振動頻率，你也可以說那是一種長期的振動頻率，也就是**信念**。而這也表示你正處於懷疑的狀態，你和你想要的東西之間仍有距離。這也是很多人長久以來的處境。

你應該認識這樣的人，他們的伴侶關係很差勁，每次跟你碰面就一直抱怨，直到最後受不了了，他們才結束關係……然後，你馬上又聽到他們談起新的關係，接下來又是無窮無盡的抱怨……

如果你有過這樣的經驗，如果你注意到這些人（或者我們說的就是你），那你應該會發現，儘管他們認識不同的人、去過不同的地方，但他們的體驗並沒有什麼改變。他們好像每次都跟同一個對象結婚。他們每次約會的對象其實都是同一個人。他們每次都會搬到同樣的社區，有同樣的鄰居，住同樣的房子，碰到同樣的問題。

傑瑞對伊絲特說：「地板還沒弄好，對不對？」每次整修房子，地板都會出問題。

伊絲特說：「地板是我很在乎的地方。」

傑瑞說：「那當然。如果你完全不去想地板的問題，我們就會有完美的地板。」

吸引力法則會幫你保持你的信念模式（信念就是縈繞心頭的思維）。在你還年輕的時候，生活經驗讓你產生某些思維模式。有時候，別人也會很謹慎地教導你一些思維模式。有時候，你看到某些事情，經過討論，也記下來了，建立起思維模式……然後，你吸引到相同的思維……你談論這些想法並且把它們記在心中……然後又吸引相同的思維。

人生眞的很有趣，對不對？你提到某件事，然後那件事就變成你的體驗。按著這樣的方法，你發展出所謂的**事實**。你說：「一開始我不確定，然後我想了一會兒。當我又注意到它的時候，到處都出現了證據。現在我相信了。因爲我的相信，我也體驗到了。」

感覺很不錯，對不對？如果那是你想要的東西，那眞的不錯。但是，倘若你重複的思維模式是繞著你不想要的東西打轉呢？（你們眞的很擅長這件事。）你們有所謂的集體意識理論：如果我們不宣揚過去的教訓，一定會重蹈覆轍。

我們說，相反才對。愈去宣揚某件事情，愈會在你的振動中出現那件事的振幅。振動愈活躍，吸引力法則就會帶來愈多相符的事物。吸引力法則帶來愈多相符的事物，你就會觀察到愈多。觀察到愈多，討論也愈多。花愈多時間討論和觀察，你就花愈多時間宣揚或發出相符的振動頻率。

某件事在你的振動中愈活躍，吸引力法則就會帶來愈多相符的事物。吸引力法則帶來愈多相符的事物，你就會經歷到愈多類似的事物，花愈多時間討論，宣傳愈多，發出愈多相關的振動……你的振動頻率愈往那個方向走，吸引力法則會帶來愈多相符的事物。吸引力法則帶來愈多相符的事物，你就愈容易注意到。愈容易注意到，你就花愈多時間討論。花愈多時間談論，振動愈活躍。振動愈活躍，吸引力法則就帶給你愈多相符的事物。吸引力法則帶給你愈多相符的事物……我們可以一直說下去。（笑）人生體驗會告訴你：你繼續訴說同樣的故事，就得繼續活在同樣的環境中。

因此，這次聚會的主題叫做**訴說不同故事的藝術**。訴說人生故事的藝術會幫你慢慢雕塑出你的故事。用你的說法、你的觀察、你的期望和你的振動來訴說故事。當吸引力法則回應你用心發出的思維，你就能得到你想要的，而不只是你看到的。

振動的本源能量

聽很多朋友說，他們會談論某件事，是因爲那件事是「眞的」，我們覺得這個說法很好玩。我們說，這樣的理由其實不夠充分，因爲有太多眞實的事物。眞實只表示某人把注意力轉到上面，發出相應的振動，吸引力法則就把這個東西帶來。由於吸引力法則帶來事物的振幅，於是他們就會觀察到類似的事物。觀察到之後，就會發出振動……咦，這好像講過了。某種程度上來說，某件事之所以在某個人的經驗中爲眞，唯一的原因就是這個人發出的振動邀請。

不論你明不明白，你的人生體驗都由你創造。所以，你可以用心創造。你無法關閉你的振動。你會一直發出振動，吸引力法則也會一直回應你的振動，所以你最好能用心一點。

很多人說：「我很用心啊。我會用心發出振動，因爲我能清楚察覺到我不想要什麼，我也很堅定，確保不想要的東西不會進入我的體驗。讓我告訴你有哪些東西是我不想要的，你才能確保不要把這些東西帶到我眼前來。清單很長。我這輩子都在收集要列上去的項目，已經很熟練了。我可以馬上告訴你。如果我告訴你我體驗過哪些問題，保證能逗你發笑。多年來，只要一講到我的問題，大家都會哈哈大笑。好，你坐好，讓我來解釋爲什麼我的人生無法如我所願。這個故事我已經說了好幾千次。我再說一次，然後我希望吸引力法則聽清楚我的話，給我完全相反的結果。」

我們說了，吸引力法則是個公正無私的朋友。吸引力法則一定會複製你的振動。我們要你記住，你的振動，不論是振動平衡、振動的模樣、所發出的吸引力，還是跟你聚合在一起的事物，都是靠著你的感受，爲你所體驗。

你的感受是振動平衡的指標。讓我們來解釋爲什麼：你是進入有形身體的本源能量，這一點很多人都知道了。有人說那是神；有人說是本源；有人說是靈魂；有人說是天堂和天使。你想讓你的思維完全繞著永恆的本來面目打轉。很多人相信，在還沒認識我們之前，你們就有前世（也希望還有來生）。我們要告訴你，你想的這些事情多半很奇怪。

我們要你明白，你是永恆的存在。生和死都不適合用來描述你。你並非脫離天使身分後降生成凡人。你並非脫離了本源後來到這個沒有本源的世界。你一直都是本源能量。你的一切幾乎都屬於振動，你眼中有形的你是有形的存在，一切有形外表都在詮釋你爲了適應這個美好世界而發出的振動。

你站在思維的前端，專注於這個有形的身體。歡迎你來到這裡。但我們非常希望你能明白，並非每個人都會進入有形的身體當中。我們所謂的每個人，不是指群眾中的每一個個體，而是無形的你。你有很大一部分仍會保持穩定、無形、純粹、正面、本源、愛的能量，那是你**本來的面目**，而一部分的意識則會投射到有形的身體中。

你的各種面目並沒有完全出現在今天的工作坊中，你仍是別人的母親、父親、姊妹、兄弟、保齡球選手或會計師，生活中有很多層面不在這裡發生，但現在你的注意力跟我們一起在這裡。所以，我們要你了解，你有很大的一部分屬於無形的力量，而你以有形的身體出現在這裡所獲得的益處，也同樣讓無形的你受惠。

一切都是振動思維

明白了嗎？在進入有形的身體之前，你是本源的能量。你屬於本源能量的那一部分仍存在無形的世界裡，懂嗎？就像電力透過建築物的管線傳送過來，你把烤麵包機的插頭插上去，就可以烤麵包了。有人問：「那爲什麼麵包機裡沒有電呢？」我們的回答是，因爲電是電，烤麵包機是烤麵包機。你屬於本源能量的那一部分就是你的本源能量，有形的你則是烤麵包機。但是兩者要合作，因爲你要透過有形的身體去探索。你站在宇宙前緣的時空實相中，而內心的本源說：「對，我們同意，我們變成了對等的振動。」

你必須退後一大步，才能明白我們的創造知識和地球的創造有關，還有所謂地球上的生命。但我們要你知道，你所謂的彰顯（透過感官辨別的實物）……一定都從振動而來。所有的事物一開始時都是思維，繼續思考，變成振動思維，灌注足夠的注意力後便會成形。

你們了解並且互相討論許多情境，所以你們對於所謂現實的生活如此確定。你們用大家都同意的方法去預測時空實相。你們說：「我們看到這個房間，測量後達成共識，算出房間有多大。我們知道什麼是平方呎。我們知道測量方法。我們知道距離。我們大多數人對顏色有共識。我們對很多事能達成共識，是因爲我們用感官去解釋振動。」

我們要你改變思考的方法。我們知道那並不容易，因爲有形環境的實相如此穩固、如此固定、如此眞實。但我們要你想：所有事物都是振動，由接收到振動的你所詮釋。

你透過肉眼看見的，只是對振動的詮釋。用耳朵聽見、還有你聞到、嚐到、用手指感覺到的，都是振動的詮釋。你已經習慣這些實際的感覺，也同意這些感覺，你覺得這個時空實相是固定不動的，讓你能穩固地站立其上。但我們要你明白，你以爲穩定且堅固的實相並非恆久不變，它不斷在變化。實相一直改變，按著你所能隨順的程度不斷變化。

我們要你透過本源的眼睛，一窺有形世界的模樣。因爲，當你透過本源的眼睛看世界，你會開始轉移注意力，再也不去注意你的星球和你在地球上的生活，因爲你不希望複製這些體驗後傳給下一代……你把注意力放在你想要留在振動中的事物，你希望吸引力法則能給你回應。

現在，你不需要擔心吸引力法則是否會回應你，因爲法則永不止息。吸引力法則一直保持開啓。也就是說，不論你發出什麼樣的振動頻率，都會得到回應。但大多數人都沒發覺，你的存在有兩個層面會得到吸引力法則的回應：一個是無形的你，我們已經解釋過了，這個部分的你一直專注於無形的世界（時間久遠）；另一個是有形的你，從你一生下來開始到現在（時間還沒有那麼久）。

所以，吸引力法則會回應你無形的層面，以及有形的層面。我們要你明白，你主要屬於無形的層面，因爲吸引力法則不只在你出生前就給你回應，也會回應進入有形身體的你的本來面目。人生體驗會讓無形的你繼續擴展和改變，懂嗎？那就是爲什麼你來到這個地球上，知道嗎？

你們所訴說的故事非常不合理，像這樣：「本源很完美，我來到這裡，是爲了要明白如何變得完美。本源決定了我要學習的法則，我要學習這些法則，我會不屈不撓，我會達到本源已經達成的完美。」我們要你明白，你口中的本源一直在你心裡。你無法脫離本源。或許你脫離了正軌，但在你心中的本源一直在你裡面。你可以用你的感受來察覺你當下的思維隨順本源的完美到什麼程度。

感受到你對自己或別人的愛，你的振動就完全契合內在的本源。感受到對別人或自己的憎恨或憤怒，你的振動就完全偏離了本源。你放任自己變成的樣子和本來的面目之間的振動頻率差了十萬八千里，負面情緒就指出兩者之間的振動差異。你脫離本來面目的程度，跟你體驗到的負面情緒程度成正比。

願意讓有形的你跟隨本源，一同追求自己的願望，你會感受到熱情、熱切、愛、踏實和活力，你充滿了能量……你熱愛生活，也就是你本來的面目。當你感到挫折、不知所措、憤怒、失望、恐懼或沮喪，你就離你本來的面目愈來愈遠。

因此，我們要你明白，你正感受到什麼樣的情緒（或許感覺像愛，或許感覺像絕望）——不論何時，你感受到的情緒就指出在這個當下，你把注意力放在哪裡，以及人生體驗塑造出來的你和你放任自己變成的樣子，兩者之間有什麼樣的振動關係。

無時無刻都要用心引導！清楚看到你本來的面目和你眞正想要的，以及你說過你眞的想去的地方。換句話說，一旦你能察覺到，這精密的引導系統就會一直跟著你。

這個引導系統和車子的導航系統很像。系統知道你在哪裡，當你輸入你想要去的地方，導航系統就會計算出你目前的位置和目標之間的路線，而你的引導系統也一樣。

你在這裡，或許手頭很緊，或許跟伴侶的關係很糟糕，或許身體出了狀況，讓你不悅或覺得害怕。你在這對比的體驗中，持續發出願望，希望能有更好的體驗。你發出的願望比從前更多，因爲你知道不想要的會幫你找出你想要什麼。內在的本源除了送出願望，振動上也會變成你擴展後的新樣子。

所以我們要問你：現在，按著你的思維和言語，你是否讓自己跟上本來的面目？是否跟得上生活爲你塑造出來的樣子？如果答案是肯定的，你已經調整、發掘和啓動了。你覺得很不錯。如果你覺得快樂，就能隨順，讓自己變成擴展後的你。然後你就能透過本源的眼睛看世界。

如果感受到負面的情緒，表示你把注意力放在某樣負面的事物上。我們知道你不是隨口亂說的，你眞的看到它了。你並非刻意讓自己脫離本來的面目，但你一感受到負面的情緒，你就讓自己脫離了本來的面目。

振動相契

我們要教你如何辨別自己的引導系統，如何有效地運用你的引導。我們要你離開這次聚會時，下定決心達到振動相契，並且明白你的感受指出你和本來面目契合的程度——端視在這個時刻你是否願意讓本來的面目展現出來。

很多人一生只是繞著本來面目的影子而行。母親對著孩子生氣咆哮，但在這世界上她們最愛的就是自己的孩子。她們失控，在愛的振動中不知道該怎麼控制脾氣，因爲她們靠著直覺來回應生活。我們要你開始採用相反的方法，用心、有意識地洞察一切。

我們要你明白生命的要素。當你得到本來的面目，當你感覺到本來面目的感受，調整自己去符合那種感受，你的振動頻率就會符合你本來的面目。當你做好調整，當你發出的振動頻率來自存在的核心，你的影響力強烈到其他看著你的人都會非常訝異，你在生活中充滿了自信和力量。當你的振動頻率契合本來的面目，吸引力法則就會帶給你強大、喜悅的機會，機會源源不絕而來，充滿生活每一處，生活體驗不斷變化，不斷開展，充滿了喜悅。

知道你不想要什麼，才能知道你想要什麼，然後才能找到方法得到你想要的東西。但這不是重點。我們並不是在討論幾樣、甚至數千數百樣你想要的東西。這次工作坊的目的不是要幫你得到你想要的東西，而是要引導你去領悟爲什麼你要進入有形的身體。

你來到這個世界上，並不是爲了「完成大業」。你來到這個世界上，並不是爲了找到你要什麼，然後實現你想要的，並生活其中。你來到這個世界上，是爲了找出你想要什麼，如此才能朝著你要的方向前進，享受恆久不變的生命之流。你想要順著本來的面目，你不想抗拒。

吸引力法則對你現在的面目的回應，創造出一股流，感覺就像河流或小溪，這股流前進的方向就是生活為你塑造出的樣子。當你讓自己順流而下，你感受到的情緒就是正面的情緒。但是當你逆流而上，你會感受到阻力，你的存在充滿了抗拒。你會感受到抗拒，因為你不讓自己回歸本來的面目。能量的矛盾會把你撕裂。你覺得很痛苦。你全身不舒服。生活開始崩潰。你無法貼近本來的面目。

現在，當你翹辮子了，一切就結束了。因為當你死了，當你經歷所謂死亡的經驗，你就停止強調有形世界裡一切讓你煩憂的事物，本來面目的振動跟著就變強了。

只要一個動作，你就變成生活塑造你成為的樣子。但我們要告訴你，你不需要等到翹辮子了，才能達成願望。你可以留在這裡，留在有形的身體裡，不論何時，不論哪一天，只要你關注自己的感受，調整自己的頻率去符合存在的振動。當你把自己調整成本來的面目，就能明白人生有多麼美好。生活原本就該這麼美好，因為人生原本就應該很美好。

傑瑞和伊絲特去年夏天有趟很棒的體驗。他們去泛舟。當他們把小舟拉下河岸……同行的人不少，連他們的朋友總共六個人，還有十多個還是高中生的摔角選手。他們分搭好幾條船。那天他們一直亂潑水，玩得很高興。活動發起人不是高中生，而是傑瑞和伊絲特的朋友……不過一玩開了，大家全身都濕漉漉的……他們到了河邊，沒有人想要把船往上游划，逆流而上。大家都看得出來，在那湍急的河流中，只能順流而下。

泛舟的嚮導告訴大家：「各位，這裡不是迪士尼樂園，我們不能把激流關掉。」他希望大家能了解河流的力量。我們也要對你說同樣的話。我們要你了解這條河流的力量，而且沒有人可以把流水關掉。早在你來到這個有形的身體以前，你的河流就已經啓動了。從你進入有形的身體開始，這條河就流得又快又急。每當你發現自己不想要什麼，你就發出你想要什麼的願望，水流的速度也會變得更快了。

這條河愈流愈快，因爲不論在任何存在的層次，每當你找到你喜愛的東西，或希望生活能有什麼樣的改善，無形的你就會相信那個思維，毫不保留地相信，直到發出一模一樣的振動頻率。然後，強大的吸引力法則會回應你發出來的振動，接著就有一股吸力拉著你過去。（你們聽明白了嗎？）

我們要你明白這條河流的速度有多快，重要的是你必須順流而下。當你順著你目前的樣子繼續往前走，順流而下會讓你覺得很輕鬆自在。如果你改變方向，你會感覺到抗拒的阻力。你感受到的情緒也會跟著變化。

感受到負面情緒，表示人生帶來的願望超越這一次的思維、行動和言語要你變成的模樣。舉例來說，「人生讓我明白我想要更多錢，但我現在沒有那麼多錢。」

你一定想像不到在你的振動暫存區中已經累積了何等程度的富足。眞正的財富正在呼喚你。但你在這裡，口中常說：「我錢不夠用。」更重要的是，錢不夠用會讓你感到失望。

「我錢不夠用，我錢不夠用。我想買那個，可是我買不起。我希望能買那個，可是我買不起。我買不起想要的東西，眞是受夠了。我錢不夠用，眞是受夠了。我錢不夠用。我錢不夠用。我錢不夠用。我錢不夠用。我錢不夠用。我認識的人幾乎錢都不夠用。我認識的人幾乎錢都不夠用。我不認識錢夠用的人。我不認識錢夠用的人。每個人的錢都不夠用。每個人的錢都不夠用。每個人的錢都不夠用。那個不要臉的有錢人才有夠用的錢。那個不要臉的有錢人才有夠用的錢，他擁有的比他應得的還多很多很多很多。他揮霍無度，亂買不需要的東西。你知道有多少人快要餓死了？我錢不夠用。我錢不夠用。我錢不夠用。那個人可能靠販毒賺錢。我錢不夠用。我錢不夠用。我錢不夠用。我錢不夠用。我錢不夠用。」

我們要你明白，你要是有那種感覺，金錢就不會流向你。沒辦法，兩者的振動頻率差太遠了。

失望的感受，表示你不讓金錢流入。沒有金錢流入，也是另一個指標。換句話說，情緒可以指出你的表現如何，證據出現後，你也會有些覺醒，對不對？我們要你明白，你的生活方式就是指標，指出你的振動是否契合。但還有……（哦，我們一定要讓你聽到。我們要一直說到你明白爲止。再一下子就好）……你過著什麼樣的生活，表示你發出什麼樣的振動頻率。你覺得這句話有什麼意義嗎？聽起來夠重要嗎？你過著什麼樣的生活，表示你發出什麼樣的振動頻率。聽起來很重要，但我們不希望這句話變得那麼重要，因爲，這只是頻率的指標。

「我的銀行帳戶是振動的指標。我看到銀行帳戶就生氣。戶頭裡錢好少。爲什麼我的戶頭裡不能多一點錢呢？爲什麼不變多呢？爲什麼不變多呢？爲什麼不變多呢？爲什麼不變多呢？爲什麼不變多呢？爲什麼不變多呢？爲什麼不變多呢？」

「好痛，我的身體感覺很不舒服。我要我的身體感到舒服一點。我去看了醫生，我不喜歡身體出現病痛。」你的身體和你過著什麼樣的生活是振動頻率的指標。就這麼簡單。「我不喜歡身體出現病痛。我沒辦法控制身體。我不知道發生了什麼事。我很怕。我不知道該怎麼辦……」你過得如何，就指出你正在大聲說些什麼，就這麼簡單。

很多人會討論人生的實相，似乎實相很重要。我們要你明白，實相只是暫時的指標。你開車去加油站加油，是因爲儀表板上的指標指出油箱空了，而不是你先開車去加油站，看到油表才大吃一驚，「怎麼搞的？爲什麼？爲什麼？爲什麼會這樣？」你會把頭埋在方向盤上大哭嗎？「哦，你看，怎麼會這樣。我完了，我這一輩子就這麼過了，看看我淪落到哪裡。」還是，你只要把油加滿就好了？

你的身體出了狀況，你慢慢走進診所，手撫胸口，怕醫生說出你不想聽的診斷結果。醫生可能會拿出工具檢查你的身體，檢查你看不見的地方，然後說你的身體出了問題。我們要你回答：「很好，很好，不需要告訴我，我感覺得到不對勁。」

> 不論你過著怎樣的生活，不論是你的身體還是人際關係，或者是金錢，不論跟什麼有關，生活模樣只是暫時的，短暫地指出你這個時刻的振動。就這麼簡單。

唯一的問題在於，你不知道振動只是一時的，於是你一直說著同樣的話，然後你的振動就變成那個樣子。你一直訴說同樣的故事，你不知道有新的故事可以說。不知道爲什麼，你認爲你應該「實話實說」。

現在，重複我們剛才說過的，「實話實說」。你母親說：「告訴我眞實的現況。」你就說：「我的錢不夠用。我的錢不夠用……我恨你。我恨你。我恨你。我恨你……我不喜歡你這樣。我不喜歡你這樣用我的錢。我不喜歡你看待政府的方式。我不喜歡你這樣……」我們想說明這個道理，我們知道你可能開始覺得煩了。但我們要你明白，**你必須訴說不同的故事**。

你懂了嗎？我們一直在解釋你發出的兩種振動，無形的你和有形的你。明白了嗎？你相信嗎？你是否明白你就是本源能量的存在？聽聽這兩種不同的內容：「我的錢不夠用。我的錢不夠用。我的錢不夠用。我的錢不夠用。我的錢一直不夠用……世界上有很多錢，有很多東西，有很多資源。一切事早已安排好了。有錢，有錢。你看，你看，你看，你看。」

現在，我們要描述不同的情緒：「我的錢不夠用。我的錢不夠用。爲什麼我的錢不夠用。我好難過我的錢不夠用。我做錯了什麼？我應該早就知道了。他們應該早就知道了。」

錢很多。一切都很順利。你想要的東西都排隊等著你。只要你準備好，就能馬上擁有。你什麼都不需要做，所有的工作都做完了。你只需要放輕鬆，讓你想要的事物流入你的體驗。你要聆聽內在的本源在說些什麼。你要聆聽本源的召喚。本源在你想要的方向召喚你。你知道你朝著那個方向移動，因爲一切都變得更加美好，表示這些事物讓你眞的感到非常快樂。

走上爲你預先鋪設好的道路，內在的本源一直看顧著你，呼喚你朝著你想要的方向前進。你感到充滿了活力。你感受到熱切。然而，有形世界給了你什麼樣的訓練？有形的世界說：「要是感覺不錯，你就得擔心了。」

你對朋友說：「哦，我眞的好興奮哦。」他們說：「小心啊，小心，情緒興奮表示可能要發生大問題了。我知道很多樂極生悲的例子。我覺得你最好小心點。我想你最好留在原地。我知道他會打人，雖然他賺很多錢……」

我們要你明白：你的感覺最重要，因爲你的感受指出你容許自己變成的樣子是否貼近你本來的面目，還是讓兩者之間的距離更遠了。

按著不同的陳述，你就能明白你是順流而下還是逆流而上。順流的說法一定會讓你輕鬆自在。不一定感覺像陽光、棒棒糖或玫瑰，不一定會像你曾感受過最美好的事物，但順流的想法給你的感受一定比逆流更快樂。你一定可以感受到某樣東西感覺比較差還是比較好。

通常參加這樣的聚會後，你會覺得你必須進入快樂的情緒。但是你想到那些正面的人就覺得渾身不舒服，要讓自己變得積極正面也很難。換句話說，你一直不快樂，看到快樂的人就覺得很困擾。你得不到想要的生活，看到別人能有那樣的生活也讓你很困擾，更糟糕的是還有人來炫耀：「噢，讓我告訴大家我的生活有多美滿吧。」你說：「拜託，別說了。」

我們不要你拿自己跟別人比較。我們只要你了解，你目前的思維是逆流還是順流。你知道爲什麼嗎？因爲你目前的思維就是你所發出的吸引力。你當下對生活的思維就是生活的指標。但是，有一件小事我們得告訴你（或許你已經知道了）：你發出的思維和思維的彰顯之間有時間差。振動上已經完成的創造有超過百分之九十九要等一會兒才能看到證據。所以，調整成順流的方向後，通常你不會馬上看到證據。那就是大多數人不明白的地方，因爲每個人都想要立刻看到證據。

想像傑瑞和伊絲特正在泛舟，他們告訴嚮導：「哦，我們希望立刻看到證據。所以我們不想花時間順流而下。把船放回巴士上，我們開車到峽谷下面去吧，這樣快多了。把船放到下游的地方，我們很快就能泛完舟了。」嚮導回答說：「我還以爲你們想泛舟呢。」

那就是我們要你明白的：你想要泛舟，你想要看到對比。你覺得你有選擇（你的確有選擇），但你想要除了這個有形體驗之外的其他選擇（還好，你別無選擇）。你認爲，要是你能選擇（你的確有選擇）進入這有形的身體體驗，那你的安樂窩就該打點得好好的，擺滿你想要的東西，在你的世界中，讓你覺得不快樂的東西，應該都得不到你的注意力。

很多人爲人父母後，就想幫孩子準備一個安樂窩，剝奪了他們體驗對比的權利。你說：「體驗對比後，我就能分辨我喜歡什麼。那實在太好了，因爲當我知道我喜歡什麼，我就能把那個東西留在我的振動中，然後吸引力法則就會把那個東西帶給我。接下來，我就到了新的層次。我會把新的願望留在我的振動中，吸引力法則就會帶來我想要的東西。在這豐盛的生命裡，我從我喜歡的事物裡取出我想要的，打造我心目中最完美的生活。」

但是，你在這裡，周圍有很多「不正常的」人，他們看不見自己的引導系統，他們對你說：「我的愛有條件，我的生活方式也有條件，好的情況讓我快樂，壞的情況讓我難過。所以，我必須從你身上獲得一些我想要的條件。既然你進入我的生命，我就會一直看到你（我是你的雇主、母親、父親、老師……我的工作就是看著你）。當我看到你，我希望能感到快樂，也就是說你表現的方法要讓我覺得快樂。我！我！我！我！我不要你變自私。你的行爲應該要讓我感到快樂（我是你無私的母親呢）。如果我看到讓我覺得不快樂的事物，你就有麻煩了。」

如果這種人只有一個，就不會出現意見相左的情況，一切就沒有問題。可是這些人易變無常，爲數眾多，要你做不同的事情，你左右爲難，無法讓每個人都滿意。你很快就會發現，不管再怎麼努力，都無法讓他們快樂。我們要告訴你，你來到這個世界上，並不是爲了聽其他人的話。每個人都知道，生命會讓你擴展，擴展後的存在會呼喚你，當你走上擴展的方向，你就會覺得快樂。其他人都不能影響你的擴展（你也做到了）。

你並不想讓其他人的話語引導你的生活。首先，他們無法專注那麼長的時間。（你注意到了嗎？）要你的情人全心全意地注意你，他能維持多久？沒那麼久。要母親一心一意地照顧你，能維持多久？不會很久。沒有人能做得到，因爲沒有人一生下來就要守護你。每個人生下來，都是爲了創造自己的體驗。此外……我們覺得最諷刺的地方（帶給你最多麻煩的地方），就是他們說，你對他們最重要了，但事實上，他們的感受才是他們心目中最重要的事情。所以，他們一直想要用讓他們覺得快樂的事物來引導你和你的行爲。

所有人來到世界上其實都是爲了自己——只要你能接受這一點，你的生活會立刻變得很美滿。那沒什麼不好，因爲那其實是說，所有人都是本源能量，所有人來到世界上都是爲了生出新的願望。所有人內心都有本源，引導他們走向對自己最有利的方向。想想看，那個世界有多美好。

如果每個人都有自己的引導系統，每個人都朝著更好的人生體驗前進，每個人聽到呼喚，就朝著那個方向前進……你能想像這個世界會變得多美好？

出現暴力行爲，也就是你所謂負面行爲的人，不可能跟本源契合，你知道嗎？那是不可能的。你所謂的負面行爲，百分之百是因爲那些人走上了偏差的道路，他們想塡滿空虛，想到他們想去的地方，但是他們採取的方法不可能讓他們實現願望。

你的故事有什麼意涵？

所以，我們告訴你的這件事情非常重要。伊絲特的身家財產都押在這上面了。（笑）我們投射給她的思維告訴大家：你的體驗，由你創造，如果你要擁有屬於你的喜悅，就要用心創造。要能無時無刻都透過本源的眼睛看世界，你才能脫離形體的影響。也就是說，如果你不喜歡你正在做的事情，表示你脫離了誕生的目的。負面情緒表示你離開了你本來的面目。

我們說了，正面的情緒充滿力量，令你感到快樂。但我們要你只去尋求一種情緒，讓我們給這種情緒簡單的說法吧：就是**自在的情緒**。我們要告訴你，不管你在哪裡，你就在這裡。「我就在這裡。我就在這裡……伴侶關係、身體、金錢、哲學、世界觀、家庭體驗，不論什麼事物，我就在這裡。意思是說，我訓練過我的振動，讓我能夠一直產生吸引力，去吸引我想要的東西。」

也就是說，你所體驗到的事物並非單純地發生在你身上。事情會發生，是回應你發出的思維和思維模式。你的思維多半都棒透了，對不對？我們覺得你只要做一點調整就夠了。我們的意思是，你只要花一點心思，按著你想要的方向去學習。

我們用工作坊的方式，熱切地告訴你這些事情，因為我們知道，如果你離開這裡以後，明白你是產生吸引力的關鍵，你發出的振動信號會得到吸引力法則的回應，你就能憑著感受來判斷自己是否跟上本來的面目。對你來說，最重要的就是感到快樂，一旦你開始以感受來引導自己的思維、言語和行為，而不是靠著事物的事實，一旦你把自己的感受當成最重要的事，你就能充滿喜悅，用心創造，這就是你生下來的目的。如果做不到，你就會偏離本來的面目。

因此，你要追尋自在的情緒。我們要教你如何找到讓你感到自在的思維。

我們知道參加工作坊的人都有種傾向，想要思索無窮無盡的事物。只要你覺得某件事很重要，我們就願意跟你討論。我們要你記得，你現在正發出振動頻率……你先發出振動信號(其實不需要很久的時間),然後就會設定頻率,開始吸引力的模式。如果你現在就能按著你的願望來訴說故事,而不是照實陳述,就更有幫助了。因爲訴說目前的情況,只會讓你留在原來的吸引力模式裡。

發出負面的吸引力,其實就是阻礙已經發動的正面吸引力,你能感覺到嗎?我們想讓你明白,黑暗沒有來源。你不會走進房間,尋找黑暗的開關。「哦,對了,打那個開關,讓房間漆黑一片吧,讓光線消失吧。」你知道那違反常理。惡劣、邪惡和疾病都沒有源頭,是你阻礙了流動,負面的事物才會出現。生活已經把你變成這個樣子,你只能阻礙自己不去變成那個樣子。

因此,一切都比你想的更簡單,因爲你所有的力量都在當下,也只有在當下,你才能發出振動。或許有件事發生很久了,但你仍可以發出相關的振動,只是振動一定發生在現在。你可以記起很久以前或昨天發生的事,但你現在才記起來。你可以預測某件事明天或十年後才會發生,但是你現在就在預測。

不論你想什麼,都會發出信號,並產生吸引力。如果你發出的吸引力持續十七秒,吸引力法則就發動了。也就是說,相符的思維配上吸引力法則,達到了燃點。保留同樣的思維,再等十七秒,又到達下一個燃點。持續下去,直到你的振動契合長達六十八秒的思維,周圍就會出現變化,你就會看到證據出現。就這麼簡單:花六十八秒的時間訴說你想要的故事，而不是描述現況。生活中的事物是否如你所願？繼續訴說你的故事。生活中的事物是否不如你所願？停止訴說那個故事。

「但是我好忙。我要做的事情超乎我的能力範圍。」好消息是，你再也不需要發出負面的訊息，也不會感受到它。當你察覺到自己有所選擇，你當然會選擇感覺比較好的事物，這不是很棒嗎？所以，**自在的情緒**是最需要你關注的重點。

金錢的振幅

提問者：謝謝你們。我花了好長一段時間想要匯聚大量財富，我……

亞伯拉罕：請不要說諷刺的話。（笑）

提問者：我想問一下你們的體驗，我要如何才能用心學習金錢上的**隨順**。

亞伯拉罕：剛才有注意聽的人或許很想說：「亞伯拉罕真的很吹毛求疵。」但我們要你感受問題的感覺——你說「大量財富」的口氣似乎帶點諷刺。「如果有……那我的呢？如果吸引力法則真如你們所說，我已經聚集了這麼多財富，那這些財富在哪兒？我要怎麼得到它們？」

我們要你感受一下，在你表達那樣的心情時，主要的振動是什麼樣子。你發出振動時，是出自匱乏，還是出自有錢？

我們知道，你會說：「他當然還在匱乏中，因爲時機還沒到。那麼，他發出的頻率怎麼可能符合他還沒達成的境界呢？」我們說，你只要明白怎麼做就好了，如果你不明白，你就無法擁有你想要達成的境界。你必須找到那種境界的振幅。

我們認爲，一開始時有疑問很正常。「我做錯了什麼？我要怎麼改善？」這些其實才是你想要說的話。但我們要你感受你說的話和對事物的態度有什麼樣的陷阱。做法是，你必須找到方法，讓自己不再去注意金錢的匱乏，從內心發出對金錢的感受。

就好比對富足感到渴望，渴望能擁有更多富足。事實上，我們要說，就算你抱持著希望的態度，你的振動也比抱持著懷疑的態度更接近隨順。

我們剛才嘲弄你說「大量財富」的口氣似乎有些諷刺，但我們要你明白，當你感到諷刺，當你感到悲觀，你就離樂觀和希望更遠。所以，要回答你的問題：「怎麼讓財富來到我眼前，我怎麼樣找到財富？」答案就是假裝你已經做到了。帶一點點錢在身上，在心裡想像花錢的方法。想像有錢之後多麼有樂趣。就算你還沒找到感覺輕鬆自在的眞正理由，也可以享受輕鬆自在的感覺。照顧好你的感受，就能引導思維超越實相。

因此，諷刺（我們眞的只是跟你開玩笑）和樂觀或正面的期望比起來，抗拒程度更高。感受這兩句話的差異：「我的錢來得好慢。我開始相信金錢在我的振動暫存區裡，但我不知道該怎麼讓錢進來。」感受一下其中的心情。然後再來看第二句：「等我知道該怎麼辦，一定好極了。等我知道該怎麼辦，一定好極了。」釋放抗拒。「我還不知道該怎麼辦。我努力好久了，還是不知道該怎麼辦。」這句話充滿了抗拒，完全是逆流。「我很期待能找出辦法。」釋放抗拒。

「要是能找出方法就太好了。在每天的體驗中，我都會看見方法。在不同的事物上，也會看見方法。我表現得還不錯。我知道我已經累積一筆財富了，眞好。我的生活體驗讓我在振動暫存區中累積了一些東西，知道這一點眞好。發覺內在的本源已經跑在我前頭，知道我能滿足夢想，眞好。

「負面情緒表示我脫離了本源對我的看法，能了解這一點眞好。本源看我很富足，但負面情緒表示我不夠富足，能明白這一點眞好。本源能夠引導我，帶來更正面的情緒，眞好。負面情緒表示我偏離了本源想要的方向。能明白這些事情，眞好。

「我做得很好。我察覺得到我的感受，我知道差別在哪裡。我注意到我的思維和呈現出來的證據之間的關聯。我知道實相會改變，符合我長期的感受。我也明白要花一點力氣，把思維從我正在想的事情上移到不一樣的事物上。我知道只要專注更長的時間，就會更加簡單。我知道花愈多時間談論某樣東西，說起來也就愈簡單；說得愈多，愈容易去期待。我知道期望會帶來不同的感受。我知道希望的感受和懷疑的感受有什麼不一樣。我知道興奮的感受和沮喪的感受有什麼不同。我可以的。我知道我做得到。」

像這樣的對話就能改變世界。就這麼簡單。

我們知道感覺很緩慢，但做法就是這樣。你無法一下子養成長期的思維。你必須慢慢培養。你沒辦法一下子就改變。你必須慢慢改變……如果你想要一下子就做出改變，而你做不到，那麼你就會覺得沮喪。但如果你期待慢慢改變，也開始去做，你就會得到鼓勵。所以，一次說一件事就好，按著你要的方法和你想要的結果來訴說故事。

就用這個方法來說你的故事吧：「我最近才知道在振動暫存區中有大量的財富在等著我。聽起來眞好。我的人生體驗和我的生活方式，就是這筆財富的由來，實在太棒了。我可以變成我想要的樣子，可以擁有我想要的東西，太好了。我要用我想要的方式來訴說我的故事。我不認爲金錢會帶給我快樂，但我也不認爲金錢是萬惡之源。我覺得金錢會帶給我自由。我想，有了更多錢，選擇也更多，選擇變多了，就更有樂趣。按著感覺來做我想要的事，而不是按著我能不能花得起那個錢，眞好。

「太好了，我有機會增加財富，但那筆等著我的財富並不是讓我感到快樂的唯一因素。我自己、我的家人、周圍的人、我對生活的看法、我體驗生活的方式都會受到影響。想到這些變化，我就興奮不已。

「我熱愛生活的各個面向，我知道金錢向著我流過來，生活各方面都會出現改善。今天多得了幾百美元，表示我能有所變化。今天多得了幾千美元，表示我能有另一些變化。如果我今年能多得幾十萬美元，我就可以拿去做某件事。如果我每年能多得五十萬美元，表示我可以搬到哪兒去、可以開哪種車，也表示我的工作……表示我不用去那兒上班了。」在心裡開始想像吧。

我們玩了好多種遊戲，最有效、力量最強的一種（我們看過很多人實踐了）就是：把一百塊美金放在口袋裡，每天在心裡花用這一百元，用了再用，不斷重複。好好思量，你可以用這一百元買些什麼。

很簡單的遊戲，卻能改變你對金錢的看法，效力實在太驚人了。你自由了，因爲你一向習慣說：「哦，我想買那個，可是我不該買。」但這一百元說：「想要的話我買得起。想要的話我買得起。**我買得起**。」所以，再也不要說「我買不起」這幾個字，你說：「想要的話我買得起。想要的話我買得起。想要的話我買得起。」

有人會說：「亞伯拉罕，你們很少接觸有形世界吧，因爲一百元買不到什麼。」我們會說，如果今天你在心裡花了一千次一百元，你就累積了等於十萬元的價值，那就能細水長流，改變你的振動。有人會說：「那又不是眞的。」我們說，會成眞的。會成眞的。你必須先感受到，等那振動在你心中成形，就會實現了。

吸引力法則一定會根據你的振動，帶給你途徑、方法、共同創造的人和結果。當你在振動中召喚富足時，富足一定會進入你眞實的人生體驗，實現的方法很多，在每個角落都看得見。只要你增強振動頻率，不論你轉向何方，富足就會展現在你眼前。

事情並沒有你們想的那麼難。但爲什麼感覺很難呢？因爲你只看著現狀，發出符合現狀的振動頻率，長久以來一直深入現狀，你說：「我已經這麼努力了，我做了這麼多事，我工作了這麼多年，結果，我只能達到現在這個地步而已。光是那麼一點點的努力能帶給我什麼？我這麼努力，結果也才這樣。」我們說，你的努力只是行動，我們鼓勵你發出**振動力**。振動力讓你得以利用創造世界的力量和能量。

持續改變你的振動，你想要的就會眞正彰顯出來，但當你說：「我要，但是……我要，但是……我要，但是……」你不會有任何進展。當你說：「我要，因爲……我要，因爲……我要，因爲……」你就開始向前了。

當你說：「我相信我做得到。我想我做得到。我懷疑我是否做得到。我還沒開始。我相信我做得到。我想要做得到，但我懷疑是否做得到。我還沒開始，但是我想試試看。我眞的很想試試看，但我做不到，因爲我沒有經驗。但是我想試試看，我眞的很想試試看，但我還沒開始。其他人幾乎也做不到。但是我想試試看，我眞的想試試看，但是很難，我一點進度也沒有。我想試試看，但是我不知道該怎麼做……」然後，什麼都不會改變。你必須把思維放在不一樣的故事上。現在，告訴我們你的財富故事。

成功致富的故事

提問者：一切都很好。聽完上面的對話，我只想說，一切都很好。我眞的有這種感覺。感覺很不錯，很自然。我想我只有一個問題：那是必經的過程嗎？

亞伯拉罕：就像我們說過的，百分之九十九的創造在你得到實證前，早就在振動中完成了。就像從鳳凰城前往聖地牙哥，你要去聖地牙哥，但是在四百哩的路途上，大部分的時間你都不在你要去的地方。如果不在目的地會讓你覺得很挫折，從振動的角度而言，你可能會掉頭，返回鳳凰城，那麼你永遠無法到達目的地。要從一個地方移到另一個地方，你說：「好，我明白那段旅程，我可以完成那段旅程。我看得到進展。我明白，只要我專注於對的方向，每走一哩路，我就離我不想去的地方更遠了，也更靠近我想要去的地方。」

你要有信心，因爲會有證據告訴你離目標愈來愈近了，你更靠近了，愈來愈近了。因此，不會有人眞的掉頭回到原點。也就是說，你有信心，你有信念。你不會說：「聖地牙哥是無法達成的夢想。」你不會說：「聖地牙哥遙不可及，我試過了，我努力過了，就是到不了。」因爲你到得了，你知道你做得到。

當你明白，你的感受指出你移動的方向，你可以誠實對自己說：「我眞的覺得很樂觀，當我說『一切都很好』，我眞的感覺很好。」如此一來，你想不去你想要的地方也難啊！如果你不放棄你的期望、你的態度和你的振動頻率，想要的事物一定會來到，而且速度很快。

你說：「好，我出發了。我剛跟亞伯拉罕談過，我感覺到那樣的振動。一切都很好。我眞的感覺一切都很好。可是看看眞實的生活，我發現自己還沒到聖地牙哥。也就是說，我看著某樣東西，感到負面的衝擊，因爲我不在我想去的地方，然後我感到挫折。」

我們說，很好。失望是你的指標，剛才發生的事情讓你失去了期望的感覺，開始把注意力放在跟期望不一樣的東西上。那麼，你要怎麼讓自己重拾那種感覺？

雖然感到灰心喪志，但你努力尋找令自己開心的事物，你的振動就淨化了，再也不會回到負面的地方。換句話說，當你感受到負面的情緒，通常至少要花六十八秒的時間轉換思維，你才能眞的感覺到自在；當你發自內心，眞正感到自在，就再也不需要用同樣的方法淨化你的振動。你在宇宙中移動了，移到不同的振動角度。

我們要你知道，最重要的就是：因爲你移到不同的振動角度，彰顯出來的證據也會改變。因此，在你努力移動時，宇宙中所有和你的思維相關的事物，都會回應你發出來的新振動。

到那個時候，你就覺得有了代價。到那個時候，你和某人約好見面，他給你一些東西，你也有一些東西給他，因此，你們做了財務交換。換句話說，只憑著那一點點努力，你看不到你因此更靠近「聖地牙哥」了，你看不到，但是你感覺得到，所以你明白了；因爲你感覺得到，因爲你明白你的感覺有多重要，你保持愉快的感覺，你很努力，你非常努力……很快，你不只希望你享受富足，你不只相信你會得到富足，你還知道你得到富足了，因爲周圍的證據非常明顯。

思維連續蹦出來，你清了又清，清了再清。我們所謂的「清理」是什麼意思？就是按著你想要的來訴說故事。不要訴說實相，而是要創造實相。

朋友問：「你最近過得如何？」

你說：「一切都很好。」

朋友說：「你買得起你想要的東西嗎？還是你得到了你想要的工作？」

你說：「快要做到了。」

朋友說：「你沒聽懂我的問題吧。你得到了嗎？」

你說：「你沒聽懂我的回答。我快要做到了。」

朋友說：「沒有就是沒有，你還沒得到。」

你說：「啊，才不是呢。我的振動已經得到了。現在我的振動已經契合，我一定能得到。這就是法則。我的振動已經契合了。」

「你怎麼知道你得到了呢？」

「因爲我感覺很快樂。」

「你感覺很快樂，但是你還沒得到。你有毛病吧？」

「我知道怎麼做。我的振動符合我的願望，所以願望一定會實現。這就是法則。」

「你怎麼知道你的振動跟願望一致？你怎麼知道你的振動頻率跟你想要的一致？」

「每次想到這件事，我就覺得很快樂。每次想到財富，我就覺得快樂。我不想諷刺別人，我也不覺得失望或喪氣。我覺得很樂觀，因爲我知道願望要實現了。事實上，我好樂觀，你看看我要做到的事情。這張單子上就是我想要做的事情。」

還有另外一個遊戲，叫做支票簿遊戲。你把一千美元存到戶頭裡（振動的金錢），然後把一千美元花掉。第二天，你存兩千美元，然後花掉。第三天，你存三千美元，然後花掉……到了第三百六十五天，你存三十六萬五千美元，然後花掉。

你把這些金錢花掉（在振動上），在精神上花錢。事實上，你找到了出口……當你創造出振動出口，一切的成就都要透過你。那就是熱切，那就是熱情，那就是你感受到的熱愛。

換句話說，在這個時空實相裡，當你在振動上先發出希望，一切就會動起來，然後你也會跟著動。你覺得很快樂。如果不能跟著動，你就覺得很糟糕。聽懂了嗎？意思是說，如果你覺得某件事很糟糕，表示你要求了某個東西，但無形的你卻變成阻礙，不讓有形的你跟上去。

我們要你明白，你的水流速度有多快由你決定，要順流或逆流也是由你決定，你所有的感覺也由此而來。

你要什麼，都是因爲你覺得有了那樣東西後會讓你更快樂。不論是金錢、物質、人際關係、體驗、環境，所有你要的，都是因爲你覺得擁有後你會更快樂。當你發現只要想到那樣東西，你就會覺得更快樂，你便抓住了那樣東西的振幅。你所渴望的東西就會被吸引力法則帶來，沒有例外。

在今日的環境中，因著現在的生活方式，你投射出未來更美好的人生體驗。當新的能量誕生進入毫不抗拒的嬰孩身體（因爲他們才剛生下來，沒有抗拒），他們就會獲得你放入集體意識振動暫存區中的益處，就像你在這樣的空間和時間中獲得前一代留下來的益處——因爲你們生而爲人，一定要不斷進步。我們想要建議你，你不需要重生才能獲得你已經送出去的益處。在這輩子，你什麼都有了，事實上，一切都按著你的計畫走。

你說：「我要向前走，看到形形色色的東西，並發出願望。一旦思維符合我心中的願望，我就會全心全意地想著這個願望。」那不就是我們剛才說的？把全副注意力放在剛浮現的願望上，雖然你的願望來自實相，但不用擔心實相是什麼樣子。

發揮知覺，不要仰賴存在。「我就在這裡。」在這次聚會中，我們全心希望你能收到這樣的訊息：你在哪裡不重要，因爲那只是一時的。就像油表上的指標。你有沒有發現，指標跑得很快，尤其是最近這一陣子？那就是個指標，就這樣而已，就只是個指標。

所以，彰顯出來的證據只是暫時振動的暫時指標。但你說：「感覺不像暫時的，因爲我已經這樣過了很久了。」我們說，因爲你一直得到相同的回應，發出相同的振動，所以發生的事情雖然相同，卻是全新的。你的人生不一樣了。新的振動讓你活出新的生命。只是你現在發出的振動跟你昨天發出來的一樣，因爲你已經養成習慣，思考事情的方法也跟昨天一樣。

假設你離開了從小到大的住處，或離開從小到大認識的人，如果老家還在，人也還在，有一天你回去探訪他們，你會發現，生活中許許多多的體驗讓你變得非常不一樣，你再也不是當初住在那裡的人。然後你會明白，時時刻刻你都在體驗擴展。

我們覺得你的問題很好。我們很喜歡你的問題：「要怎麼從我當下的所在去到我想去的地方？」答案是：**眼光**朝著你要去的方向，**言語**朝著你要去的方向，不要回頭看來時路。如果能夠實踐，明天你就能看到財富的證據。

波士頓工作坊結語

亞伯拉罕：這次聚會大家都很有收穫。我們非常喜歡跟所有會眾的互動。我們感謝大家願意坐下來耐心聆聽，追尋埋藏在這裡的寶藏。

我們告訴你們的話，並非爲了讓你的思維開花結果，而是要你好好品味輕鬆自在。只要你想要輕鬆自在，就能找到輕鬆自在。

我們並不是要引導你找到彰顯出來的證據，因爲我們認爲你一定要去體驗。我們要引導你成功創造出證據。我們要你控制好自己的振動，因爲你的振動就是你當下的生活。

你現在的感受包含你最新的面目和你允許自己變成的模樣。那一切都屬眞實。當你察覺到能用哪些工具或方法幫助你走向本來的面目，你就可以幫助自己變得更喜悅，這是你一生下來就懷抱的目的。

我們不是要你變成百萬富翁，但你一定會很富足。我們要你充滿喜悅，享受探索喜悅的過程。我們要你專注於有形世界這一趟順流而下的旅程，因爲那是你誕生前就已立下的目標。

我們要你知道你不想要什麼，然後你才能知道自己要什麼。我們要你感受兩者的差異。我們要你轉向自己想要的東西，感受輕鬆自在，我們要你清楚感受到你的振動剛才已經變得更好了。接著，我們要你看著宇宙的力量聚合在你四周，向你證明你的振動已經契合。你會感到非常快樂。然後，我們要你站在新的舞台上，我們要你感受到讓你發出另一個新願望的對比。

我們要你感受到新願望的力量，以及你的振動和新願望的關係，我們要你再次明白，你還沒趕上生活讓你變成的模樣。但我們要你細細品味剛才學到的知識，多多練習，你會知道該怎麼辦。我們要你用心尋找讓你更快樂的思維。**尋找讓你更快樂的思維，朝著你想要的東西前進，然後感受到彰顯出來的證據。**

我們要你塑造你的生活，我們要你愛上塑造生活的感覺。跟結果沒有關係，我們更重視契合的過程。我們要你關注內心的能量。我們要你改善自己的情緒。我們要你察覺到情緒改善後的證據。

我們關注你之前的感受，我們也關注你現在的感受。如果沒有之前的感覺，現在也不會有這樣的感覺，這不是很有意思嗎？也就是說，振動就是你的生活，無所謂好壞。就看你怎麼塑造。

我們的喜悅無法言喻。從我們的角度來看，生活美好得不得了。我們要你從我們的眼睛看你的世界，因爲從我們眼中看到的一切美好無比！參加這次聚會後，張開雙手擁抱美好的生活吧！

願大家都能感受到深深的愛。一如往常，我們的喜悅沒有盡頭。

國家圖書館出版品預行編目資料

財富的吸引力法則
伊絲特・希克斯 & 傑瑞・希克斯（Esther and Jerry Hicks）著 嚴麗娟 譯
初版 .-- 臺北市：商周出版：家庭傳媒城邦分公司發行
2011.03 面； 公分
譯自：Money, and the Law of Attraction: Learning to Attract Wealth, Health and Happiness
ISBN 978-986-120-664-6（平裝）

1. 成功法 2. 財富 3. 生活指導

177.2 100003204

財富的吸引力法則

原文書名／Money, and the Law of Attraction
作　　者／伊絲特・希克斯＆傑瑞・希克斯Esther and Jerry Hicks
譯　　者／嚴麗娟
責任編輯／陳玳妮
版　　權／黃淑敏、劉鎔慈

行銷業務／周丹蘋、黃崇華
總 編 輯／楊如玉
總 經 理／彭之琬
事業群總經理／黃淑貞
發 行 人／何飛鵬
法律顧問／元禾法律事務所 王子文律師
出　　版／商周出版　城邦文化事業股份有限公司
115 台北市南港區昆陽街 16 號 4 樓
電話：(02) 25007008　傳眞：(02)25007579
E-mail：bwp.service@cite.com.tw
Blog：http://bwp25007008.pixnet.net/blog
發　　行／英屬蓋曼群島商家庭傳媒股份有限公司城邦分公司
115 台北市南港區昆陽街 16 號 8 樓
書虫客服服務專線：(02)25007718；(02)25007719
服務時間：週一至週五上午 09:30-12:00；下午 13:30-17:00
24 小時傳眞專線：(02)25001990；(02)25001991
劃撥帳號：19863813；戶名：書虫股份有限公司
讀者服務信箱：service@readingclub.com.tw
歡迎光臨城邦讀書花園　網址：www.cite.com.tw
香港發行所／城邦（香港）出版集團有限公司
香港九龍土瓜灣土瓜灣道 86 號順聯工業大廈 6 樓 A 室
E-mail：hkcite@biznetvigator.com
電話：(852) 25086231　傳眞：(852) 25789337
馬新發行所／城邦（馬新）出版集團【Cite (M) Sdn. Bhd.】
41, Jalan Radin Anum, Bandar Baru Sri Petaling,
57000 Kuala Lumpur, Malaysia.
Tel: (603) 9056-3833 Fax: (603) 90576622
Email: services@cite.my

封　　面／萬勝安
排　　版／極翔企業有限公司
印　　刷／韋懋實業有限公司
經 銷 商／聯合發行股份有限公司
電話：(02)2917-8022　傳眞：(02)2911-0053
地址：新北市 231 新店區寶橋路 235 巷 6 弄 6 號 2 樓

■ 2011 年 3 月 31 日初版
■ 2024 年 8 月 1 日二版 7.5 刷

Printed in Taiwan

定價 320 元

城邦讀書花園
www.cite.com.tw

 ISBN 978-986-120-664-6

商周出版

廣　告　回
北區郵政管理登記
台北廣字第000791
郵資已付，免貼郵

115台北市南港區昆陽街16號8樓

英屬蓋曼群島商家庭傳媒股份有限公司　城邦分公司

請沿虛線對摺，謝謝！

商周出版

書號： BX1046X	**書名：** 財富的吸引力法則	**編碼：**

請於此處用膠水黏貼

商周出版

讀者回函卡

感謝您購買我們出版的書籍！請費心填寫此回函卡，我們將不定期寄上城邦集團最新的出版訊息。

不定期好禮相贈！
立即加入：商周出版
Facebook 粉絲團

姓名：＿＿＿＿＿＿＿＿＿＿＿＿＿＿＿＿ 性別：☐男 ☐女

生日：西元＿＿＿＿＿＿年＿＿＿＿＿＿月＿＿＿＿＿＿日

地址：＿＿＿＿＿＿＿＿＿＿＿＿＿＿＿＿＿＿＿＿＿＿

聯絡電話：＿＿＿＿＿＿＿＿＿＿ 傳真：＿＿＿＿＿＿＿＿＿＿

E-mail ：

學歷：☐ 1. 小學 ☐ 2. 國中 ☐ 3. 高中 ☐ 4. 大學 ☐ 5. 研究所以上

職業：☐ 1. 學生 ☐ 2. 軍公教 ☐ 3. 服務 ☐ 4. 金融 ☐ 5. 製造 ☐ 6. 資訊
☐ 7. 傳播 ☐ 8. 自由業 ☐ 9. 農漁牧 ☐ 10. 家管 ☐ 11. 退休
☐ 12. 其他＿＿＿＿＿＿＿＿＿＿＿＿＿＿＿＿

您從何種方式得知本書消息？

☐ 1. 書店 ☐ 2. 網路 ☐ 3. 報紙 ☐ 4. 雜誌 ☐ 5. 廣播 ☐ 6. 電視
☐ 7. 親友推薦 ☐ 8. 其他＿＿＿＿＿＿＿＿＿＿＿＿

您通常以何種方式購書？

☐ 1. 書店 ☐ 2. 網路 ☐ 3. 傳真訂購 ☐ 4. 郵局劃撥 ☐ 5. 其他＿＿＿＿

您喜歡閱讀那些類別的書籍？

☐ 1. 財經商業 ☐ 2. 自然科學 ☐ 3. 歷史 ☐ 4. 法律 ☐ 5. 文學
☐ 6. 休閒旅遊 ☐ 7. 小說 ☐ 8. 人物傳記 ☐ 9. 生活、勵志 ☐ 10. 其他

對我們的建議：＿＿＿＿＿＿＿＿＿＿＿＿＿＿＿＿＿＿＿＿＿＿
＿＿＿＿＿＿＿＿＿＿＿＿＿＿＿＿＿＿＿＿＿＿
＿＿＿＿＿＿＿＿＿＿＿＿＿＿＿＿＿＿＿＿＿＿

請於此處用膠水黏貼